RON PERDUSS

ABZOCKE

RON PERDUSS

ABZOCKE

WIE SIE IM ALLTAG GETÄUSCHT WERDEN

südwest

INHALT

VORWORT

Abzocke – ein hartes Wort, das auf den ersten Blick vielleicht etwas reißerisch klingt. Dennoch finde ich, dieser Begriff trifft das ganz gut: Jeden Tag werden wir millionenfach über den Tisch gezogen. Wissentlich oder unwissentlich, aber es passiert.

Es gibt die klassischen Betrüger, die ganz bewusst versuchen, uns das Geld aus der Tasche zu ziehen, und vor denen wir schon seit vielen Jahren in Verbrauchermagazinen und TV-Sendungen wie »Vorsicht Falle!« gewarnt werden. Aber es gibt auch die großen und kleinen »normalen« Unternehmen, die dies tun. Sicher versteckter und eleganter, aber im Kern genauso raffiniert wie die vorgenannten Gauner. Vielleicht einigen wir uns gleich jetzt darauf, dies lieber nicht Betrug zu nennen, auch wenn es am Ende des Tages auf das Gleiche herauskommt. Über Jahre hinweg wurden perfide Tricks erfunden und perfektioniert, um mehr von unserem Geld zu kassieren. Immer neue, noch cleverere Marketingaktivitäten gaukeln uns Vorteile von Produkten oder Dienstleistungen vor, die einfach gar keine sind. Die Unternehmen mogeln bei Verpackungen, erfinden Labels und Siegel, um Produkten einen besonderen Anstrich zu geben. Sie kreieren Trends, um uns alten Wein in neuen, viel teureren Schläuchen zu verkaufen. Still und heimlich und ganz besonders effektiv.

In diesem Buch soll es genau um diese, oft perfiden Tricks gehen. Ich zeige auf, wie ein Heer von Spezialisten aus Marketing, Psychologie und Verkauf immer wieder neue Dinge ausbrütet, mit denen nur ein einziges Ziel verfolgt wird: Wir Verbraucher sollen in die Irre geführt und schlichtweg abgezockt werden. Auf Schritt und Tritt und ohne, dass wir es im Alltag bemerken. Ich möchte Ihnen helfen, diese alltäglichen Tricks zu entlarven und sich vor ihnen zu schützen. Damit Ihr Geld, gerade in diesen Zeiten, in denen alles teurer wird und wir unter Rekordwerten bei der Inflation leiden, dort bleibt, wo es gut aufgehoben ist: in Ihrer Brieftasche.

In diesem Buch zeige ich Ihnen die Dinge auf, die jeden Tag aufs Neue passieren. Die schlauen Tricks aus dem Zauberkasten der Verführer, mit denen wir beschummelt werden, ohne dass wir es merken. Im Supermarkt, im Einkaufszentrum, im Möbelgeschäft, beim Abschluss eines Handyvertrages, beim Onlineshoppen, beim Wohnen in einer Mietwohnung genauso wie auf Reisen oder sogar bei Ihrer Bank. Überall lauern die Fallen. Überall nimmt man Ihnen Ihr Geld ab.

Und natürlich schauen wir uns auch all die echten Betrügereien an, die in Zeiten der Digitalisierung und des wachsenden Onlinekonsums boomen. Ob Phishing, Scamming oder Spoofing – die Betrüger denken sich immer neue heimtückischere Methoden aus, um uns das Geld aus der Tasche zu ziehen.

Nach der Lektüre der nächsten 172 Seiten sind Sie so gut für diese verwerflichen Machenschaften sensibilisiert, dass Sie darauf in den meisten Fällen nicht mehr hereinfallen werden.

KAPITEL 1

EINKAUFEN & ALLTAG – SUPERMARKT & CO.

Wenn es einen Ort gibt, an dem wir tagtäglich übervorteilt werden, dann sind das die Supermärkte und Einkaufscenter dieser Welt.

Vieles von dem, was uns dort jeden Tag passiert, wird wissentlich gemacht. Weil die Unternehmen nur unser Bestes wollen. Unser Geld. Gut, der Spruch ist schon etwas abgedroschen, aber an seiner tiefen Wahrheit hat sich über Jahre und Jahrzehnte leider überhaupt nichts verändert.

Die Unternehmen, für deren Produkte und Dienstleistungen wir unser hart erarbeitetes Geld ausgeben, sind nun einmal Wirtschaftsunternehmen. Und deren Ziel ist in erster Linie die Gewinnmaximierung. Wer sich ein wenig mit Betriebswirtschaftslehre beschäftigt hat, weiß, dass Gewinnmaximierung selten mit einer Unternehmenskultur einhergeht, in der Geld zum Fenster rausgeworfen wird.

Werfen wir also einen intensiven Blick auf die vielen Tricksereien, die sich Händler und ihre Helfershelfer ausgedacht haben, um uns unser Geld abzunehmen. Von Kundenkarten über fragwürdige Premium-Lebensmittel und Rabattaktionen am Black Friday bis zu den Outlets im Speckgürtel der Großstädte.

Ich spreche auch über den neuesten Trend: die unzähligen Labels und Gütesiegel, die Hersteller auf ihre Produkte kleben und die uns das Gefühl geben sollen, etwas Gutes zu kaufen. Egal ob klimaneutral oder besonders fettarm, mit extra hohem Proteinanteil oder ausdrücklich naturschonend produziert. Fast keines dieser Siegel ist die Farbe wert, mit der sie gedruckt wurden. An jeder Ecke wird uns ein Bär aufgebunden. Aber ab heute ist Schluss damit.

TREUEPUNKTE

»Sammeln Sie die Treuepunkte?« – Keine Frage wird an deutschen Supermarktkassen öfter gestellt, als diese. Und wenn ich so in der Schlange stehe und die Mitmenschen beobachte, ist es immer wieder erstaunlich, wie viele von ihnen freudestrahlend »Ja« sagen.

Die Küchenschränke in deutschen Haushalten müssten mittlerweile überquellen von Kochtöpfen, Plastikschalen oder Messersets. Das sind die Klassiker bei den Treueaktionen der Supermärkte. Die Sammelaktionen gleichen sich mittlerweile in den meisten Märkten: Wer 5 Euro Umsatz macht, bekommt einen Punkt. Oder ein Herz, eine Frühlingsblume, einen niedlichen Osterhasen oder einen anderen Sticker. Wer davon 30 gesammelt, also 150 Euro bei den Einkäufen ausgegeben hat, bekommt Anspruch auf eine vergünstigte Prämie.

Ach. Moment. Geschenkt gibt es nichts? Wäre das nicht eigentlich der Sinn der Treuepunkte? Dass ich am Ende als Dankeschön etwas gratis bekomme? Dem ist leider nicht so. Ganz im Gegenteil: Als fleißiger Sammler werden Sie als Verbraucher noch einmal extra abkassiert. Sie kaufen also ein Dankeschönprodukt und sorgen damit für weiteren Umsatz. Hört sich nach einem seltsamen System an, oder?

Nun, ich bekomme ja einen ordentlichen Rabatt, höre ich Sie jetzt Ihren Händler verteidigen. Das schnieke Topf- oder Messerset gibt es ja mit einem Nachlass von 60 bis 80 Prozent auf die unverbindliche Preisempfehlung (UVP). Da kann man eigentlich nicht meckern. So einen Rabatt gibt es nicht mal beim inoffiziellen Winter- oder Sommerschlussverkauf. Okay, Sie haben Recht! Mit Ihren gesammelten Treuepunkten müssen Sie nicht den vollen Preis zahlen. Aber vielleicht steckt da doch eine super Abverkaufsmasche dahinter? Ganz nach dem Motto »niemand hat etwas zu verschenken«. Woran machen wir Kunden fest, dass sich das Sammeln von Treuepunkten überhaupt für jemanden anderen lohnt als für den Händler? Dadurch dass sie gratis sind, ist ja der Rabatt auf die Treueprämien ein wirklich großartiges Geschenk. Schließlich gibt es einen Rabatt, ohne dafür wirklich etwas getan zu haben. Nun ist das ganze System am Ende doch komplizierter als wir uns das vorstellen:

Betrachten wir das Sammeln und das Einlösen getrennt voneinander, finden wir auch sehr schnell die Fallstricke. Fangen wir mit dem Sammeln an. Okay, die Punkte gibt es nach meinem Einkauf gratis an der Kasse. Aber da übersehen wir gern das Wort »nach«. Als Sammler habe ich also bereits Geld ausgegeben. Ist der Treuepunkt dann am Ende des Tages nur ein kleiner Rabatt?

Vielleicht ist Ihnen schon einmal aufgefallen, dass meist nur die klassischen Supermärkte diese Treuepunkt-Aktionen anbieten? Das liegt daran, dass hier unterm Strich die Produkte auch ein klein wenig teurer sind als beim Discounter. Der steckt bereits alles, was machbar ist, in günstige Preise und hat in der Regel wenig Spielraum, weitere Rabatte einzuräumen. So kann sich ein Supermarkt also eher leisten, einen kleinen Rabatt zu geben. Betrachten wir aber den wichtigsten Bestandteil des Treuepunkte-Wahnsinns genauer: das Topf- oder Messerset. Nun haben Sie also die geforderten 30 Punkte gesammelt und den Urinstinkt des Jägers und Sammlers befriedigt. Jetzt stehen Sie vor dem Prämien Regal im Supermarkt und sehen all diese schönen Produkte. Die Markenpfanne. Statt 99,90 Euro gibt es sie mit den Treuepunkten für nur 39,90 Euro. Was für ein großartiger Rabatt! Wie oft kann man als Kunde schon 60 Prozent auf die UVP sparen? Genau da liegt der Denkfehler. Leider gleich doppelt. Denn erstens ist die unverbindliche Preisempfehlung eben genau das, was der Name schon sagt. Eine Empfehlung und keine klare Ansage. Dieser Preis wurde in der Realität wahrscheinlich noch nie für das Produkt gefordert. Zur UVP komme ich später noch ausführlicher ab Seite 37.

Absurder wird der Treuepunkte-Schwindel schnell, wenn wir erfahren, dass die meisten Treueprämien nie einen »normalen« Laden oder Onlineshop gesehen haben. Sie standen bisher nur in diesen Treuepunkte-Aufstellern, weil sie speziell für diesen Zweck produziert worden sind. Ja sicher, auf dem Produkt steht ein Markenname. Ja, das ist auch kein Fake-Produkt. Aber hat ganz oft wenig mit der Qualität der Marke zu tun. Denn um Kosten zu sparen, werden eben diese Prämien speziell – meist in etwas geringerer Qualität – ausschließlich für die Supermärkte hergestellt. Was bedeutet das dann für die unverbindliche Preisempfehlung? Sie können es sich denken: Sie ist ein einziger Witz.

Wenn es doch dieses Produkt überhaupt nirgendwo zu kaufen gibt und es einzig und allein für den Verkauf als Treuepunkte-Prämie herhalten muss, wann sollte denn jemals die UVP verlangt worden sein? Nie! Was im Umkehrschluss bedeutet, dass sich hier Markenhersteller und Händler entspannt einen Fantasiepreis ausdenken können, um den Rabatt auch nach einem wirklichen Schnäppchen aussehen zu lassen. Versuchen Sie doch mal, die angebotenen Produkte – also wirklich die gleichen – woanders zu finden. Das gelingt Ihnen in den wenigsten Fällen. Wenn nun also die UVP Fake ist, bedeutet das auch, dass Sie den ausgeschriebenen Rabatt getrost vergessen können. Streichen Sie den durchgestrichenen Preis gleich noch mal durch und nehmen Sie diesen auf gar keinen Fall als Basis für Ihre Kaufentscheidung.

Wenn Sie meinen Worten folgen, dann müsste die Erkenntnis sein, dass sich diese Treuepunkte-Aktionen nicht lohnen. In den meisten Fällen ist das auch so. Aber ganz ausschließen möchte ich nicht, dass Sie hier auch ein kleines Schnäppchen machen können. Mein wichtigster Tipp: Wenn Sie so oder so in diesem Markt einkaufen und nicht die Treuepunkte den Einkaufsanreiz bilden, spricht nichts gegen das Sammeln. Sofern Sie sich auch nicht von der Rabattierung der Prämien beeindrucken lassen und den Endpreis nüchtern betrachten, kann es sich in Einzelfällen lohnen.

Es macht aber überhaupt keinen Sinn, nur wegen der Prämien in einem bestimmten Supermarkt einkaufen zu gehen. Das ist tatsächlich rausgeschmissenes Geld. Einen entscheidenden Vorteil hat dieses System aber dennoch: Treuepunkte zu sammeln, funktioniert ganz ohne das Herausgeben Ihrer persönlichen Daten. Anders als bei den so beliebten Kundenkarten.

KUNDENKARTEN

Wenn wir über Treuepunkte sprechen, dann müssen wir uns auch dringend über Kundenkarten unterhalten. Wir Deutschen sind Weltmeister im Anhäufen von Karten der Bonusprogramme. Millionen dieser Plastikkarten – mittlerweile auch digital im Smartphone – fristen ihr Dasein. Wir lieben es, Punkte zu sammeln, wir lieben es, Rabatte zu bekommen, wir lieben es, Schnäppchen zu machen. So sammeln wir beim Tanken, beim Einkaufen, beim Buchen eines Fluges oder Essen im Restaurant Punkte und Meilen. Die tauschen wir dann freudig gegen Dinge ein, die wir niemals gebraucht hätten.

Egal wie sie im Detail aufgebaut sind, die Bonusprogramme haben alle eines gemeinsam: Sie speichern unsere privaten Daten. Sie speichern Schritt für Schritt unser Konsumverhalten. Die Anbieter dieser Karten wissen meist mehr über uns als wir selbst. Und mit all diesen Daten, die wir den Unternehmen jeden Tag mit Begeisterung geben, erstellen sie ein perfektes Profil von uns. So perfekt, dass sie unser Einkaufsverhalten vorhersagen können.

Die Firmen haben mit ihren Kundenkarten zielgenau unseren Nerv getroffen. Wir sind Jäger und Sammler und fast nichts macht mehr Spaß, als beim Einkaufen noch extra belohnt zu werden. 2-für-1-Aktionen, Extra-Punkte, gratis testen – all das macht uns Spaß und sorgt dafür, dass Glückshormone ausgeschüttet werden.

Haben Sie schon einmal ausgerechnet, wie viel dabei am Ende eigentlich für Sie herumkommt? Warum setzen die beteiligten Firmen auf Punkte und Meilen, statt einfach nur einen transparenten Preisnachlass in Euro oder Cent zu geben? Die Antwort ist ganz einfach. Diese Punkte lassen sich eben nicht so leicht umrechnen. Sie sammeln begeistert Punkte und haben kein Gefühl dafür, welchen Vorteil Ihnen das wirklich bringt.

Wenn Sie im Supermarkt für 100 Euro eingekauft haben, landen 50 Punkte auf Ihrem Punktekonto. Das klingt gut. Viel besser auf jeden

Fall, als die 50 Cent, die diese Punkte tatsächlich wert sind. Seien Sie ehrlich: Würden Sie in ein Geschäft gehen und mit dem Verkäufer über ein halbes Prozent Rabatt verhandeln? Ich wette mit Ihnen und sage: »Niemals!« Wenn schon Rabatt, dann versuchen Sie doch eher einen Preisnachlass von 3, 5, 10 oder sogar 20 Prozent im persönlichen Gespräch auszuhandeln. Diesen ganzen Aufwand würden Sie nicht für ein halbes Prozentchen auf sich nehmen. Tun aber mehr als 31 Millionen Verbraucher tatsächlich Tag für Tag, indem sie – statt zu verhandeln – ihre wertvollen persönlichen und Einkaufs-Daten über eine Karte zur Verfügung stellen, um dann schlappe 0,5 bis 1 Prozent Rabatt zu bekommen.

Wenn nach unzähligen Einkäufen endlich genug Punkte auf Ihrem Konto sind, um sich eine Prämie leisten zu können, kommt das böse Erwachen. Gucken Sie etwas näher hin, stellen Sie bei den meisten angebotenen Prämien fest, dass diese zumeist überteuert sind. Mit ein paar Klicks gibt es den Großteil der Prämien viel günstiger zu kaufen. Ganz ohne Bonuspunkte. Für einen lächerlichen Rabatt von höchstens 1 Prozent machen Sie sich gegenüber Händlern und Herstellern nackig? Ganz freiwillig machen Sie sich zum gläsernen Konsumenten?

Die vermeintlich großzügigen Unternehmen wissen über Ihre Kundenkarte, wann Sie einkaufen, wo Sie einkaufen, was Sie einkaufen und wie Sie bezahlen. Mit dem Zusammenspiel all dieser verschiedener Daten, die Sie für ein paar Cent zur Speicherung freigeben, wird Ihr persönliches Raster erstellt. Sie lassen sich selbst buchstäblich zur Fahndung ausschreiben.

Jetzt kann vorhergesagt werden, was Sie in den nächsten Wochen oder Monaten eventuell kaufen und für welche Produkte oder Dienstleistungen sie sich interessieren könnten. Freuen Sie sich auf noch mehr zielgerichtete Werbung. Mit dem Profil, das von Ihnen selbst erstellt wurde, lässt sich nun noch viel mehr Umsatz generieren. Das alles für nicht einmal 1 Prozent Rabatt.

Machen Sie es stattdessen wie ich: Werfen Sie die Kundenkarten einfach weg. Sie machen keinen Sinn.

WIE GLAUBHAFT SIND DIE AUSSAGEN AUF PRODUKTEN?

Mindestens einmal im Jahr muss den Lebensmittelkonzernen angst und bange werden, wenn sie ihre Umsatzentwicklung sehen. Oder ihnen ist langweilig. Oder der Vorstandsvorsitzende hat schlecht geschlafen. Anders ist es nicht zu erklären, dass uns die großen Hersteller alle Jahre wieder mit neuen Trends überraschen und uns weismachen wollen, dass wir diesem Trend unbedingt folgen müssen.

Begeben wir uns auf eine kurze Reise in die Vergangenheit. In den 50er Jahren des letzten Jahrhunderts finden wir surreal anmutende Werbespots, in denen Zucker als Allheilmittel angepriesen wurde. Übrigens insbesondere für die Konsumenten, die gerne abnehmen wollten. Zucker! Ja, dieses Teufelszeug, das unsere Arterien verklebt, das uns Stück für Stück immer dicker werden lässt. Nach unserem heutigen Kenntnisstand mutet es fast unglaublich an, dass es Werbung gab, die Zucker als etwas Gesundes angepriesen hat.

Nun höre ich Sie sagen: »Ganz so schlimm ist es ja heute mit den Lebensmittelkonzernen bestimmt nicht mehr.« Hier muss ich Sie leider enttäuschen. Die Produzenten und Händler haben seit den 1950er Jahren anscheinend nicht viel dazugelernt, geschweige denn anders gemacht. Noch immer geht es ihnen darum, ihre industriell hergestellten Waren mit viel Glitzer und Glamour unters Volk zu bringen. Besonders gern werden dafür vollkommen neue Eigenschaften entdeckt und in den Vordergrund gestellt. Die meisten davon – entschuldigen Sie bitte die Wortwahl – sind der größte Schwachsinn.

Sobald ein neuer gesellschaftlicher Trend am Horizont erscheint, wird dieser besonders gern von den Lebensmittelherstellern aufgegriffen. Als sich beispielsweise das Idealbild vom wohlgeformten Körper manifestierte und bei vielen der Wunsch, schlank und rank zu sein, wuchs, antworteten die Hersteller mit den Light-Produkten. Gut erinnere ich mich an die Werbung der 80er Jahre. An Aussagen wie: »Ich will so bleiben, wie ich bin – Du darfst.« Lightprodukte waren auf einmal unfassbar angesagt. Alle wollten über Nacht dünner werden. Gutes Aussehen, ein trainierter Körper, Fitness und Sport waren trendy und erstrebenswert. Für Frauen galt fortan ein neuer Maßstab: Kleidergröße 36.

Die rettende Lösung für diesen neuen Lifestyle war im Supermarkt nur einen Handgriff entfernt und sie prangte in fünf unübersehbaren Buchstaben: »LIGHT«. Die Produzenten überschwemmten den Markt. Egal ob Margarine, Salami, Joghurt oder Chips. Fortan gab es fast alles auch in einer Light-Version zu kaufen. Und durch cleveres Marketing haben sich die meisten dieser Produkte bis heute in den Regalen gehalten. Noch immer wird in Supermärkten und Discounter mit den Etiketten leicht oder light geworben, noch immer werden diese Produkte gerne in den Warenkorb gelegt. Das alles, obwohl sich mittlerweile vielleicht herumgesprochen haben sollte, dass die Leichtigkeit meist mit mehr Zucker und Aromen erkauft wird. Vielleicht ist ein bisschen weniger Fett drin, aber unterm Strich lohnt sich das nicht. Verschiedene Studien zeigen, dass Menschen, die Light-Produkte konsumieren, meist deutlich mehr essen, da das Sättigungsgefühl später einsetzt. Unerwünschte Nebenwirkung: Sie nehmen eher noch an Gewicht zu als ab.

Oder denken wir an die kleinen Joghurts mit Milliarden von Bakterien, die uns eine gesunde Verdauung versprechen. Wenn ich mich recht erinnere, hat dieser Trend in den 90er Jahren seine rasante Entwicklung genommen. Unterstützt durch Millionen Investments in die begleitende Reklame. Ganz plötzlich gehörte es zum guten Ton, diese kleinen Joghurt-Drinks zu sich nehmen, um endlich die vernachlässigte Darmflora in Schuss zu bekommen. Milliardenfach wurden und werden diese kleinen Dinger verkauft. Aber auch hier hat sich mittlerweile gezeigt, dass es für das Wohlbefinden und eine gesunde Darmflora gar keinen Unterschied macht, ob ich einen normalen Joghurt esse oder zu einem mit diesem ganzen Bakterien-Schnickschnack greife. Einen gewaltigen Unterschied macht es dennoch. Und den finden Sie im Portemonnaie, denn diese speziellen Joghurts oder Joghurt-Drinks kosten natürlich deutlich mehr als die herkömmliche Variante.

In Zeiten von vermehrten Umweltbelastungen ist der Wunsch, sich gesund, natürlich und bio zu ernähren, gut verständlich. Lebensmittelhersteller und Händler erhörten ihn nur allzu gern und antworteten mit einer Offensive an »natürlichen« Produkten aus heimischer und regionaler Produktion. Tag für Tag erfinden die Konzerne neue Überschriften, entwickeln neue Siegel und Labels, nur um uns ihre Produkte schmackhaft zu machen. Zwei Trends fallen mir aktuell ganz besonders auf: klimaneutrale Produktion zu unterstützen und mit Hilfe von »high protein« – also eiweißreichen – Lebensmitteln nochmals gesünder zu essen und zu trinken. Eines haben all diese Produkte gemeinsam: Sie kosten extra viel!

Die Lebensmittelkonzerne haben längst erkannt, dass wir Verbraucher gierig nach Neuem und immer bereit sind, für scheinbar innovative Produkte auch locker mehr zu zahlen. Dabei ist es den meisten offenbar egal, ob der Nutzen dieser Produkte wirklich nachgewiesen ist. Es lohnt sich daher einen genauen Blick auf die einzelnen Trends zu werfen und einmal zu hören bzw. zu lesen, was Ernährungsexperten dazu sagen.

NATÜRLICHE ZUTATEN

Das ist eigentlich mein »Lieblings«-Trend. Schon vor Jahren wurde es für eine breite Verbraucherschaft wieder wichtig, so zu leben und zu essen und zu trinken, wie es unsere Vorfahren gemacht haben. Quasi gefühlt direkt vom Feld. Der Gedanke daran, dass unsere Lebensmittel auf einem Fließband massenhaft hergestellt werden, dass Tiere in kleinen Ställen zusammengepfercht leben und massenhaft geschlachtet werden, hat es für die industriellen Produzenten immer schwerer gemacht, Produkte zu verkaufen. Sie lernten: Mit dem Gefühl, dass all diese Lebensmittel direkt vom Bauern kommen, in kleinen Manufakturen hergestellt werden, dass das Pesto von Hand gerührt wurde, die Milch direkt von der Kuh gemolken in die Glasflasche kommt, verkaufen sich Lebensmittel einfach besser. So haben die großen Konzerne den Trend zu »natürlichen Zutaten« wesentlich mitgeprägt und nutzen ihn zum Teil schamlos aus.

Unzählig sind die Lebensmittel, auf denen Begriffe wie »natürliche Zutaten« oder »aus der Natur« prangen. Alles hübsche Schlagworte, die nicht geschützt sind und die am Ende des Tages nur verschleiern sollen, dass auch diese Produkte einfach aus einer großen, cleanen Fabrik kommen, in denen statt grünem Wald polierte Maschinen stehen.

Zählen wir eins und eins zusammen, geht es ja auch gar nicht anders. Wie sollten diese ganzen Produkte, die uns Tag für Tag in Tausenden von Supermärkten und Discountern zum Kauf angeboten werden, auch in Handarbeit in kleinen Manufakturen hergestellt werden. Ehrlich gesagt: völlig unmöglich.

Aber wir sehnen uns nach dieser Illusion. Die Storys in sozialen Medien, die Bilder üppig grüner Landschaften in der Werbung, die Botschaften auf den Verpackungen. Sie alle sollten uns suggerieren, dass die glücklichen Kühe auf einer grünen Wiese standen. Dass das Schwein riesig Auslauf hatte, um mit anderen Ferkeln im Schlamm zu tollen. Dass der Joghurt von einer älteren Dame in landestypischer Tracht handgerührt wird und ihr die Milch auf dem Bauernhof vom braungebrannten Jungbauern frisch von Hand gemolken in Holzkübeln gebracht wird. Eine große Hand voll frisch gepflückter Erdbeeren hinein und fertig ist unser Erdbeerjoghurt von der Alm.

Apropos Erdbeerjoghurt, das ist sicherlich die bekannteste Geschichte: Es werden nicht im Ansatz so viele Erdbeeren geerntet, wie Erdbeerjoghurts verkauft werden. Auch wenn wir in Deutschland jedes Jahr fast 100 000 Tonnen Erdbeeren ernten, wird ein Vielfaches an Produkten auf den Markt gebracht, die mit der Erdbeere auf der Verpackung werben. Wenn in einem Joghurt überhaupt eine Erdbeere drin ist, kann man als Konsument glücklich sein. Und nicht nur wegen der begrenzten Erdbeer-Mengen, sondern natürlich auch aus Preisgründen kommt kein Erdbeerjoghurt ohne Aromazusatz aus. Und für die gilt leider auch noch, dass die Aromastoffe recht wenig mit Erdbeeren zu tun haben. Fast alles wird mittlerweile aromatisiert und geschmacklich verstärkt. Die proklamierten natürlichen Zutaten sind ganz oft einfach nicht zu finden. Es ist ein Leichtes für die Industrie, den Erdbeergeschmack nachzuahmen. Sie haben vielleicht auch schon von den berühmten

Sägespänen gehört. Die finden Sie natürlich nicht im Erdbeerjoghurt, aber es ist tatsächlich so, dass Holzspäne als Grundlage genutzt werden können, um ein Aroma zu gewinnen, das nach Erdbeeren schmeckt. Die Stückchen im Joghurt oder Quark sind also keine Holzstückchen, leider aber auch ganz oft keine echten Erdbeeren. Hier werden nämlich auch gern Apfelreste aus der Saftproduktion genutzt. Wir beißen da also auf etwas, das sich wie Erdbeeren anfühlt und auch danach schmeckt. Immerhin eine Frucht – aber am Ende ist es nur Apfel, aufgemotzt mit einem Erdbeeraroma aus Holz.

Wie frech ist es vor diesem Hintergrund wenn wir noch erwarten würden, dass im Himbeer-Früchtetee, dem Vanille-Eis oder Heidelbeer-Quark wirklich Vanilleschoten, Himbeeren und Heidelbeeren drin sind. Das wird uns zwar vorgegaukelt, aber Pustekuchen. Und das sogenannte »natürliche Aroma« kann ohne Probleme aus anderen billigeren pflanzlichen oder tierischen Rohstoffen hergestellt werden.

Oft wünsche ich mir, Verpackungen müssten komplett neutral gehalten sein und ohne bunte Bilder, ohne leuchtende Farben auskommen. Das würde wahrscheinlich unseren Blick auf die Zutatenliste schärfen. Denn, Hand aufs Herz, wie oft machen Sie sich die Mühe und schauen sich die Inhaltsstoffe ganz genau an? Wie oft lesen Sie die Zutatenlisten durch und wie oft haben Sie dann noch das unschöne Gefühl, dass Sie die Hälfte davon gar nicht verstehen?

Unsere industriell hergestellten Lebensmittel bestehen eben nicht mehr aus zwei oder drei Zutaten, sondern sind ein Mix aus natürlichen Zutaten, Aromen, Verdickungsmitteln und Farbstoffen. Nicht direkt von der Wiese, sondern quasi direkt aus dem Chemielabor. Dort wird eine Konsistenz, ein Geruch, ein Geschmack kreiert, der dem am nächsten kommen soll, was wir Verbraucher erwarten. Mit Natürlichkeit hat das in den seltensten Fällen zu tun.

Manchmal geben Gerichte Herstellern dann doch Brief und Siegel auf ihre Tricksereien. Auf der Packung seines aromatisierten Früchtetees für Kinder – »Himbeer-Vanille-Abenteuer« benannt – behauptete der deutsche Marktführer, dieser enthielte »nur natürliche Zutaten«. In

Wahrheit waren in den Teebeuteln zwar nur natürliche Zutaten, allerdings gar keine Bestandteile von Himbeeren oder Vanille. Dreisterweise stammten sogar nicht einmal die zugesetzten namensgebenden Aromen aus Himbeeren oder Vanille.

Das Landgericht Düsseldorf urteilte 2012 deshalb: »Es sei verboten, Lebensmittel unter einer irreführenden Aufmachung zu verkaufen, die über die Zusammensetzung des Lebensmittels täuschen könne.« In zweiter Instanz wurde das Urteil 2013 allerdings wieder einkassiert: »Die Verpackung enthält keine zu untersagende Irreführung.« Ein Früchtetee müsse nicht zwingend die Früchte oder Aromen aus den Früchten enthalten, nach denen er benannt ist. Es reiche, wenn der Tee nach Himbeeren und Vanille schmeckt und die Zutaten auf der Verpackung korrekt angegeben sind. – Aha, wieder etwas dazugelernt.

Ein weiteres Beispiel: Die Verbraucherschutzorganisation Foodwatch beklagt, dass die Geschmacksstoffe einiger Bio-Limonaden nicht von Bio-Früchten, sondern aus dem Labor stammen. Dort werden sie mit Hilfe von Edelschimmelpilzen, Enzymen oder Bakterien gezüchtet. Mit Segen der EU versteht sich. Die EU-Bio-Verordnung gestattet, dass auf den Flaschen solche Geschmacksstoffe als »natürliche Aromen« bezeichnet werden. Und nicht einmal für die Hauptzutat der Bio-Limonaden, das Wasser, gelten Bio-Kriterien.

Mein Appell: Schauen Sie sich genau an, was Sie kaufen. Machen Sie sich öfter einmal die Mühe und lesen sich die Liste der Inhaltsstoffe und Zutaten durch. Sind da Inhaltsstoffe dabei, von denen Sie noch nie gehört haben, stellen Sie das Produkt schnurstracks wieder zurück ins Regal. Es gibt garantiert ein vergleichbares Produkt, das mit weniger Zutaten auskommt und für Ihre Gesundheit mit großer Sicherheit verträglicher ist. Zum Beispiel, wenn Sie einen Joghurt selbst ansetzen und mit frischen Früchten oder selbst gemachter Marmelade mixen. Das ist keine große Kunst und braucht nur wenige Zutaten, die Sie in jedem Bio-Laden bekommen. Wem das Herstellen eines Joghurts zu aufwendig ist: Kaufen Sie einen Bio-Naturjoghurt und versetzen Sie diesen mit frischen Früchten.

KLIMANEUTRAL

Es gibt noch einen anderen gesellschaftlich relevanten Trend: Nachhaltigkeit! Und die wird auch als Faktor für die Kaufentscheidung immer wichtiger. Eine aktuelle Studie hat gezeigt, dass sich unser Konsumverhalten verändert und dass Nachhaltigkeit dabei eine immer größere Relevanz bekommt. Bei 58 Prozent der befragten Deutschen gilt sie bereits als ein relatives bis sehr wichtiges Kaufkriterium.

Dabei sind hierzulande knapp ein Drittel der Befragten bereit, für nachhaltige Produkte tiefer in die Tasche zu greifen. Wenn die Produkte nachhaltig sind, erklären sich 40 Prozent bereit, dafür auch mehr zu bezahlen und akzeptieren im Durchschnitt einen Preisaufschlag von 18 Prozent.

Klimaneutralität im Lebensmittelhandel

Und so war es nur eine kurze Frage der Zeit, bis es auch im Supermarktregal wieder was Neues und Teures gab um unser schlechtes Gewissen zu beruhigen: Das Schlagwort heißt »klimaneutral«. Wobei sich das selbstverständlich nicht nur auf Lebensmittel beschränkt – auch Flüge, Kosmetik und Kraftstoffe sind plötzlich »klimaneutral« oder sogar »klimapositiv«.

Aber was bedeutet eigentlich klimaneutral? Wenn wir es ganz genau betrachten und wenn es ernst genommen wird, dann bedeutet das, dass das Produkt von der Entwicklung über die Herstellung bis hin zum Transport unser Klima nicht zusätzlich mit CO_2-Emissionen belastet hat. Okay – ich glaube jedem ist klar, dass dies eher eine Utopie ist.

Mittlerweile gibt es ja auch schon viele Erkenntnisse darüber, wie viel CO_2 die Herstellung von Lebensmitteln im Detail kostet. Zur Überraschung führt die gute alte Butter die Liste der klimaschädlichsten Lebensmittel an. Ganze 24 Kilogramm CO_2-Äquivalente entstehen bei der Produktion von nur einem Kilogramm Butter. Das ist schon heftig.

CO_2-Äquivalent ist eine Maßeinheit, die berücksichtigt, dass es verschiedene Treibhausgase gibt (neben CO_2 u.a. auch Methan und Distickstoffmonoxid), die unterschiedlich stark klimaerwärmend wirken. Mit stoffspezifischen Berechnungsfaktoren werden alle Treibhausgase auf die Klimawirksamkeit von CO_2 herauf- bzw. heruntergerechnet.

Man mag schnell denken, die 13 Kilogramm CO_2-Äquivalente, die 1 Kilogramm konventionell erzeugtes Rindfleisch verursacht, wären schon der negative Spitzenreiter. Das sind viermal so viel, wie für 1 Kilogramm Geflügel anfallen, und knapp das Hundertfache der überschaubaren 0,15 Kilogramm, die bei der Gemüseproduktion entstehen. Bio-Fleisch verursacht sogar höhere CO_2 Emissionen als konventionell produziertes Fleisch, da die Tiere länger leben, damit in ihrer Lebenszeit mehr Methan ausstoßen und mehr Weideland benötigen. Dabei ist noch gar nicht berücksichtigt, dass mehr als die Hälfte der Treibhausgase gar nicht bei der Erzeugung von Lebensmitteln, sondern durch ihre Lagerung, durch Einkaufsfahrten und die Zubereitung entstehen.

Was das konkret bedeutet, können wir uns leicht vor Augen führen. Die 500 Kilogramm Lebensmittel, die wir durchschnittlich pro Person jährlich verbrauchen, führen zu 2 Tonnen CO_2-Ausstoß. Ungefähr so viel wie ein Mittelklasse-Benziner für eine Fahrt von 9800 Kilometern braucht. 80 ausgewachsene Bäume werden benötigt, um diese Menge wieder zu kompensieren. Mit dem Zug kann man dafür 80 000 Kilometer weit fahren.

Also, dass die meisten Lebensmittel nun nicht wirklich klimaneutral produziert werden können, müsste jedem klar sein. Aber wieso steht dann auf so vielen »klimaneutral« drauf? Nun – weil die Hersteller sich im Regelfall freigekauft haben. Zumindest viele von ihnen und es werden immer mehr.

Es gibt die Guten – die Engagierten –, die checken den gesamten Weg ihres Produktes. Sie gucken, wie der CO_2-Fußabdruck aussieht und überlegen sich Strategien, wie man die einzelnen Herstellungs- und Transportschritte so gestalten kann, dass die Treibhaus-Emissionen zurückgefahren werden. Da ist dann beispielsweise eine Zutat dabei, die bisher aus Spanien kam – für die man aber dann einen deutschen Zulieferer gefunden hat. Damit entfällt der Transportweg. Das ist löblich und absolut der richtige Weg. Leider sind das oftmals nur die kleineren Firmen. Der Verbraucherzentrale Bundesverband hat das einmal am Beispiel Spargel durchgerechnet und veröffentlichte im April 2022 folgende erschreckende Zahlen: Der Transport von einem Kilo Spargel aus Peru zu uns bedeutet, dass 30 Kilogramm Treibhausgase freigesetzt werden. Kommt der Spargel aus der Region – maximal 100 Kilometer vom Verkaufsort entfernt – verursacht der Transport gerade einmal 19 Gramm Treibhausgase pro Kilogramm.

Klimaneutralität – die Hintergründe

Aber wie machen das die großen Player? Diejenigen, die eigentlich den Lebensmittelmarkt dominieren. Die nehmen eine Abkürzung und nehmen einfach das in die Hand, wovon sie viel haben: Geld. Genau aus diesem Grund gibt es, wenn wir der Werbung Glauben schenken, eigentlich gar kein umweltschädliches Produkt mehr im Regal.

Die Hersteller kaufen sich die »Klimaneutralität« im großen Stil einfach als Zertifikat. Das Prinzip ganz simpel erklärt: Jeder neu gepflanzte Baum bindet im Laufe seines Lebens mehr oder weniger CO_2 aus der Atmosphäre – dieses »CO_2-Guthaben« kann die pflanzende Firma in Form eines Zertifikats an ein Unternehmen verkaufen, das CO_2 ausstößt. In Europa wurde dieser Zertifikatehandel bereits 2005 eingeführt. Allein mit dem Verkauf von deutschen Zertifikaten flossen 2021 über 12 Milliarden Euro in die Staatskasse, genauer gesagt in den Energie- und Klimafonds. Der Handel mit Klimazertifikaten ist inzwischen weltweit ein Multi-Milliarden-Geschäft!

An dieser weit verbreiteten Praxis gibt es von Fachleuten auf der ganzen Welt einiges an Kritik. Denn fast immer ist der Effekt des Ausgleichs noch Zukunftsmusik, wenn ein Zertifikat über die CO_2-Reduktion gehandelt wird. Besonders bei Aufforstung gibt es aktuell noch sehr viele Unsicherheiten. Wer garantiert schon, dass der neue Wald nicht durch Brände, illegale Rodung, Naturkatastrophen oder Schädlinge zerstört wird?

Klimaneutralität – ein Fazit

Gerne verdeutliche ich das noch an einem anderen, sehr beliebten Hype. Fliege ich von Frankfurt nach New York und kompensiere das mit Aufforstung, indem ich beispielsweise ein »nachhaltiges Ticket« kaufe, werden die damit finanzierten Bäume erst Jahre nach der Pflanzung anfangen, CO_2 aufzunehmen. Durch die gut gemeinte Kompensation fliegt das Flugzeug zum jetzigen Zeitpunkt noch nicht emissionsfrei durch die Weltgeschichte und auch bei der Produktion klimaneutraler Produkte werden weiter erhebliche Mengen Treibhausgase ausgestoßen, die uns dem Klima-Overkill Schritt für Schritt näherbringen.

Trotzdem steht »Greenwashing«, wie diese Praktik genannt wird, bei den Unternehmen hoch im Kurs und treibt schon denkwürdige Blüten. Ein führender Supermarkt-Konzern hat seine Plastiktüten einfach nur um wenige Mikrometer dicker gemacht und plötzlich fallen sie nicht mehr unter das Plastiktütenverbot. Eine weltweit tätige Burger-Braterei wirbt sogar mit dem Slogan »Wir reden keinen Müll – wir machen einfach weniger« und schafft es gleichzeitig die Menge an Verpackungsmüll in nur drei Jahren um 6000 Tonnen auf über 51 000 Tonnen ansteigen zu lassen.

Natürlich ist es sinnvoll, nachhaltige Produktionsprozesse zu fördern und zu unterstützen. Jetzt bleibt die Frage: Woran erkenne ich denn nun das, was echt klimaneutral ist?!

Das ist nicht so einfach, weil der Begriff »klimaneutral« nicht wirklich geschützt ist. Vor Kurzem hat das OLG Schleswig in einem Urteil erklärt: »Die Werbeaussage ›klimaneutral‹ für eine Ware ist nicht per se irreführend. Das gilt erst recht, wenn zugleich darauf hingewiesen wird, dass die Klimaneutralität durch Kompensationsmaßnahmen erreicht wird.« Die Verantwortung wird also an uns Verbraucher zurückdelegiert. Eigentlich ähnlich wie auch bei der Kompensation beim Fliegen. Die Unternehmen machen die Gewinne und wir Verbraucher haben den Schaden auszugleichen.

Wer demnach Wert auf TATSÄCHLICH nachhaltige oder umweltfreundliche Produkte legt, muss sich sehr intensiv mit dem Produkt und dem Hersteller beschäftigen. Vom blinden Vertrauen auf ein Siegel kann ich nur abraten. Dafür sind die Prozesse noch zu komplex und umstritten. Auf EU-Ebene wird bereits seit Langem an Plänen gearbeitet, nachhaltige Produkte besser zu kennzeichnen, um auch uns Verbraucher*innen mehr zu schützen. Im März 2022 wurde dazu ein umfangreiches Maßnahmenpaket auf den Weg gebracht. Wir wissen aber natürlich auch, wie langsam die Mühlen – gerade auf EU-Ebene – mahlen. Hier sind die Verbraucherorganisationen in vielen Sachfragen schneller. Sie decken auf, wenn Unternehmen mit falschen klimafreundlichen Werbeaussagen in den Markt gehen und klagen hier auch schnell auf Unterlassung. Das Wichtigste jedoch sind wir Verbraucher*innen: Wenn WIR uns beim Einkauf mit den Produkten beschäftigen, Werbeaussagen hinterfragen, haben wir die Chance, durch das Konsumverhalten solche Fakes vom Markt zu verdrängen.

Am klimaneutralsten ist man sicher, wenn man sein Konsumverhalten ändert und statt dem in Butter geschwenkten Filetsteak öfter einmal eine frische Gemüsesuppe auf den Tisch kommt und man bei Obst und Gemüse zu Frischem und Saisonalem aus der Region greift. Das verkürzt nicht nur die Transportwege, sondern erlaubt auch den Verzicht auf beheizte Gewächshäuser.

Wenn wir das Reisen überdenken – insbesondere das Fliegen –, kann jeder Einzelne von uns einen enormen Beitrag zum Klimaschutz leisten. Ich kann aber auch verstehen, wenn Sie sagen: »Wieso sollte ich auf meinen Urlaub verzichten?« Das soll auch nicht das Thema sein, vielmehr geht es darum, jede Reise kritisch zu hinterfragen: Muss es ein innerdeutscher Flug sein oder ist vielleicht die deutlich klimafreundlichere Bahnfahrt eine gute Alternative?

HIGH-PROTEIN-PRODUKTE

Ich finde neuerdings auf unserer Einkaufsliste immer wieder »High Protein Pudding Vanille«. Viele Grüße an meinen Mann. Ich habe die Produkte schon länger auf dem Kieker. Und wenn Sie mal durch den

Supermarkt gehen, sehen Sie sicher auch jede Menge dieser High-Protein-Produkte. Das sind ja nicht nur Milchprodukte die ohnehin viel Eiweiß enthalten. Plötzlich wird fast alles als extra Proteinquelle beworben: Müsli, Desserts, Knabbereien, Schokoladen – ja sogar eiweißhaltiges Wasser wird feilgeboten.

Schon vor ein paar Jahren sprach die Gesellschaft für Konsumforschung (GfK) bei High-Protein-Produkten vom Wachstumssegment des Jahres mit einem durchschnittlichen Zuwachs von 62,2 Prozent. Pro Jahr versteht sich. Dabei haben alle »High Protein«-Dinger nur eines gemeinsam: Sie sind viel teurer als vergleichbare Produkte.

Eine faszinierende Entwicklung haben diese Produkte hinter sich. Eigentlich war das immer ein Nischen-Ding für die ganz extremen Fitness Junkies. Wer im Studio trainierte, hatte sich gern noch diese Drinks reingekippt, weil das wohl den Muskelaufbau unterstützt. Diese Pulver wurden für viel Geld verkauft – und ich glaube, jeder, der trainiert oder trainiert hat, ist mit diesen Eiweiß-Shakes schon mal in Berührung gekommen. Dabei haben selbst Leute, die bis zu fünfmal pro Woche 30 Minuten körperlich aktiv sind, laut Deutscher Gesellschaft für Ernährung (DGE) gar keinen höheren Bedarf an Proteinen.

Als es vor ein paar Jahren plötzlich überall Eiweißbrot gab, bin auch ich den vollmundigen Marketing-Versprechen auf den Leim gegangen. Weniger Carbs, mehr Eiweiß, das hilft das Gewicht zu halten oder sogar abzunehmen. Ich fand, dieses matschige Brot hat immer nur so medium geil geschmeckt. Aber ich war eben auch ein Werbeopfer und habe das eine Zeitlang gekauft. Das waren mal wieder die zwei Monate im Jahr, in denen ich ins Fitnessstudio gehe. Passt auch ganz gut, denn Protein sättigt lange und hält den Blutzuckerspiegel stabil. Da gibt's keine Heißhungerattacken.

So – nun stehen diese Puddings bei uns zuhause im Kühlschrank. Was steht drauf? Auf einem High-Protein-Pudding mit Haselnussgeschmack beispielsweise habe ich gefunden: 20 Gramm Protein pro Becher. Zutaten: Magermilch, Milcheiweiß, Sahne, mod. Stärke, Verdickungsmittel Natrium-Carboxymethylcellulose, Karamell, Aroma, Süßungsmittel

Acesulfam K, Sucralose, Laktase. Also das erste, was mir auffällt: Wo sind die Haselnüsse?! Das ist eigentlich ein anderes Thema. Aber schön, wie man die Haselnüsse in Form von »Aroma« aus dem Chemiebaukasten in den Pudding gezaubert hat (Edelschimmelpilze sind in der Lage, Haselnussaroma zu produzieren). Auch der ganze Rest klingt nicht so megalecker. Ich musste selbst mal nachgucken, was zum Beispiel Natrium-Carboxymethylcellulose ist. Sie wird aus Baumwolle hergestellt. Naja – das passt zu diesen Trend-Lebensmitteln. Sie sind einfach hoch verarbeitet. Industrielle Produktion, tausend Dinge drin, die kein Mensch braucht. Hübsch verpackt mit einem schönen Preisaufschlag. Wobei, »Aufschlag« ist noch echt nett ausgedrückt. Das Zeug ist teilweise doppelt so teuer wie das vergleichbare Produkt – Einfach nur, weil da mehr Eiweiß drin ist?!

Sorry Leute, wer mehr Eiweiß will, muss nicht zu den teuren High-Protein-Produkten greifen. Wir können unseren Bedarf problemlos ohne diese Mode-Lebensmittel decken. Wie wäre es stattdessen mit ein paar mehr Hülsenfrüchten, Nüssen, Sojaflocken oder auch Parmesankäse? Alles das ist besser als diese ganze Protein-Hype-Innovation, die nicht uns, sondern nur der Lebensmittelindustrie hilft, sich ihre Taschen voll zu machen.

SUPERFOODS

Superfoods. Wenn ich diesen Begriff lese, denke ich sofort an Superman. Ich weiß gar nicht warum. Aber es passt ja auch. Superfoods sind Lebensmittel mit Superkräften. So zumindest verheißt es das Marketing der Lebensmittelkonzerne. Es sind Lebensmittel, denen ganz besondere Eigenschaften zugeschrieben werden, die dafür sorgen sollen, dass wir gesünder und sogar länger leben. Die getrockneten Gojibeeren werden als Booster für das Immunsystem und Anti-Aging-Wunderwaffe angeboten. Chiasamen sollen Bluthochdruck entgegenwirken und den Blutzuckerspiegel regulieren. Und die Acaibeere, Grundnahrungsmittel im Amazonasgebiet und auf dem Speiseplan von jedem brasilianischen Fitness-Enthusiasten, soll beim Abnehmen helfen.

Aber was steckt dahinter? Ist das wirklich so? Ist Ihnen schon einmal aufgefallen, dass es bei den Superfoods meist um sehr exotische Früchte, Samen o. Ä. geht? Das Bild passt ja auch: Da gibt es einen Regenwald, ein abgelegenes Dorf in dem Menschen leben, die keine klassische Zivilisation kennen, und da haben sie diese eine Frucht, die gegen jede Krankheit hilft. Und nun haben wir diese Wunderfrucht – dieses Superfood – auch für uns entdeckt. So könnte ein Werbefilmchen aussehen. Aber klar: Exotische, unbekannte Dinge lassen unsere Fantasie blühen. Und das nutzen die Lebensmittelkonzerne auch gern aus.

Die Bilder, die da im Kopf entstehen, sind perfekt, um uns besonders viel Geld aus der Tasche zu ziehen. So gibt es plötzlich Avocados, Granatäpfel, Acaibeeren oder Matcha-Tee in jedem Discounterregal. Die Liste ist endlos. Diese Superfoods gibt es in ihrer puren Form aber auch als Zusatz in diversen Lebensmitteln. Vom Tee über den Smoothie bis zum Müsli – es gibt kaum noch Lebensmittel, die nicht auch noch aufgepimpt mit Superfoods zu kaufen sind. Aber was können denn diese besonderen Lebensmittel?

Superfoods in der Begriffserklärung sind Lebensmittel mit einem besonders großartigen Nährstoffmix. Das kann zum Beispiel bedeuten, dass das Lebensmittel einen sehr hohen Vitamin-Anteil hat. Aber was bringt uns das ganz konkret? Gibt es Untersuchungen über die Wirkung? Gibt es Erkenntnisse, dass sich das Investment in so ein teures Produkt wirklich lohnt?

Die Verbraucherzentrale Hessen hat Smoothies auf die tatsächlich enthaltenen Superfood-Zutaten hin getestet. Ihr klares Ergebnis: Die im Handel erhältlichen Superfood-Smoothies halten meist nicht im Ansatz, was uns versprochen wird. Goji, Spirulina und Co. sind oft nur in extrem geringen Mengen beigemischt. Und durch das Pürieren gehen auch noch wichtige Ballaststoffe verloren. Am Ende bleibt vor allem der erhöhte Fruchtzucker im Getränk, denn oft sind Säfte oder

Bananenmark die eigentlichen Hauptzutaten. So werden wir nicht nur hinters Licht geführt, sondern dürfen für die gesunde Illusion auch noch besonders viel an der Kasse zahlen. Der Smoothie mit Nuancen von Superfood kostet laut Verbraucherzentrale bis zu 40 Prozent mehr als andere Gesundheitsdrinks ohne die Wunderdinger. Da ist das Preis-Leistungs-Verhältnis dann plötzlich gar nicht mehr so super.

Ich möchte Ihnen jetzt nicht den Appetit auf ein Avocado-Quinoa-Brot verderben, aber besonders der Aspekt der Nachhaltigkeit wirft einen dunklen Schatten auf die Superfoods. Die meisten davon stammen aus tropischen Regionen und werden über Tausende Kilometer transportiert, bevor sie bei uns und in uns ihre Wirkung entfalten sollen. Das wirkt sich nicht nur negativ auf die Klimabilanz aus, sondern kann darüber hinaus auch noch den Nährstoffgehalt der Pflanzen stark verringern. Wenn wir uns einmal den Transport der Avocado anschauen, die meist aus Südamerika kommt, so verursacht ein Kilo Avocado laut Bundesumweltministerium knapp 900 Gramm Treibhausgase.

Der Superfood-Hype sorgt – wenn wir beim Beispiel Avocado bleiben – außerdem noch dafür, dass immer mehr Wald für Avocado-Plantagen gerodet wird. Das verursacht zusätzlich zu den Transport-Treibhausgasen nochmals schier unkalkulierbar hohe Folgen für die Erderwärmung in den nächsten Jahren und Jahrzehnten. Außerdem werden rund 1000 Liter Wasser benötigt, um 1 Kilo Avocados zu produzieren. 1 Kilo Kartoffeln verbrauchen gerade einmal 8 Liter des kostbaren Guts.

Dazu kommt, dass viele der aus Asien stammende Superfood-Produkte, die bei uns angeboten werden, hierzulande eigentlich gar nicht verkauft werden dürften: Wie die Zeitschrift Öko-Test nachgewiesen hat, sind viele der Produkte stark schadstoffbelastet. Von 22 Superfood-Produkten bekamen mehr als zwei Drittel die Note »ungenügend« oder »mangelhaft«. Statt gesunder Power-Nährstoffe wurden überhöhte Mengen an Pestizid, Cadmium, Mineralöl oder Blei nachgewiesen. Diese Schadstoffe sind gesundheitsschädlich, und – sofern sie entdeckt werden – werden die damit belasteten Produkte dann auch aus dem Verkehr gezogen. Leider kann nicht jedes Produkt bei der Einfuhr so in der Tiefe kontrolliert werden. Oft muss man sich hier auch auf die Angaben der Hersteller und Lieferanten verlassen. Verantwortungsvolle Händler nehmen eigene Untersuchungen vor.

Die lautstarke Lobhudelei der Lebensmittelindustrie und Influencer lässt uns oft vergessen, dass wir auch regionale Lebensmittel haben, die mindestens genauso super sind. Wie wäre es mal wieder mit Kamillentee statt Matcha-Tee, mit Hirse und Hafer statt Quinoa, mit Brokkoli und Grünkohl statt Weizengras oder mit Leinsamen statt Chiasamen? Nehmen wir einmal die beliebten – weit hergereisten – Chiasamen. Dieses Superfood ist beliebt und wird gern mit seinem hohen Anteil an Omega-3-Fettsäuren beworben. Ein wichtiger Baustein für unseren Körper, der das Immunsystem stärkt, Entzündungen bekämpft und den Blutdruck senkt. Chiasamen enthalten pro 100 Gramm 18 Gramm Omega-3-Fettsäuren. Schauen wir uns das klimafreundliche, regionale Pendant an – die Leinsamen: Hier finden sich sogar 20 Gramm des gesunden Fettsäuren je 100 Gramm! Dazu noch mehr Kalium, mehr Vitamin E. Es macht also Sinn, den Kauf von Superfood aus fernen Ländern in Frage zu stellen. Die Natur hat sich schon etwas dabei gedacht, regional unterschiedliche Pflanzen zur Verfügung zu stellen. Kaufen Sie regional. Gut für Ihre Gesundheit, prima fürs Klima und gut für Ihr Portemonnaie.

DELUXE- BZW. PREMIUMPRODUKTE

Trüffelbutter, spanischer Schinken, Garnelen im Blätterteig – immer, wenn die Feiertage anstehen, locken die Discounter und Supermärkte mit edlen Produkten, die es sonst so wohl nicht zu kaufen gibt. In schicker, luxuriöser Aufmachung stehen diese in den Regalen oder liegen im Kühlregal.

Meist an Ostern und vor Weihnachten sollen uns diese Premium-Produkte den Hauch von Luxus auf die Festtafel zaubern. Das ist ja auch etwas Schönes. An den Feiertagen wollen wir Abstand gewinnen vom Alltag, wollen mit der Familie ein paar besondere Tage verbringen. Warum also sollte da das auf den Tisch kommen, was es immer gibt? Da darf es schon einmal etwas sein, dass sich sonst wohl nur die sogenannten Besserverdiener leisten können. Aber ist das wirklich so? Steckt in diesen nach Luxus aussehenden Verpackungen wirklich Premium-Qualität? Ist der höhere Preis für die Produkte wirklich gerechtfertigt?

Ich kann Sie schon einmal beruhigen: ich habe auch diese Produkte gekauft. Kurz vor Weihnachten in meinem Discounter stand ich vor dem Kühlregal und habe mich beeindrucken lassen von der schwarzen Verpackung mit der golden geprägten Schrift. Und so landeten ganz schnell Seiden-Kloßteig, Macarons und ein paar Desserts in Gläsern in meinem Einkaufswagen. Dinge, die ich sonst nie kaufe.

Die Produkte waren natürlich etwas teurer als die vergleichbaren Eigenmarken. Aber die Verpackung suggerierte ja auch, dass hier hochwertige Zutaten verarbeitet wurden, die den höheren Preis natürlich rechtfertigten. Und ein paar Treuepunkte gab es für die scheinbare Luxus Freude noch extra obendrauf.

Die wenigsten Verbraucher*innen machen sich die Mühe und schauen sich die Rückseite – also die Zutatenliste – genauer an. Dabei sollten Sie das auf jeden Fall immer tun. Das gilt natürlich nicht nur für diese Premium-Produkte, sondern sollte generell ganz automatisch immer passieren, wenn Sie Lebensmittel kaufen. Aber kommen wir zurück zu den Premium-Produkten beim Discounter. Einige Hundert davon hat mittlerweile ein einziger schon im saisonalen Angebot. Was mit »ultrafrisch«, »von Hand zubereitet« oder mit »Zutaten besonderer Herkunft« als günstige Feinkost vollmundig beworben wird entpuppt sich beim näheren Hinsehen als Luxus-Schwindelei im No Name Gewand. Mit einer ausgeklügelten Marketing-Strategie und edlen, hochwertigen Verpackungen, oft im schwarzen Gewand mit viel Silber und Gold, werden die Eigenmarken neu positioniert. Als etwas Besonderes. Einfach elegant, wie Feinschmecker und Gourmets es sich eben wünschen. Dahinter verbirgt sich wenig Substanz, denn die Formel günstige Eigenmarke, hübsch aufgepeppt, erhöht nicht die Qualität der Produkte, sondern in erster Linie die Marge, die der Händler damit erzielt.

Bei gleichem oder sehr ähnlichem Inhalt kostet die Premium-Variation der Leberwurst dann gerne 40 oder gar 70 Prozent mehr. Die Discounter schrecken auch nicht davor zurück, den doppelten Preis für ihre Eigenmarke in der Deluxe-Schachtel zu verlangen. Gucken Sie sich die Zutatenliste von Hirschgulasch, Büffel-Mozzarella und Mousse-au-Chocolat genauer an, stechen Ihnen dann noch Stabilisatoren, Verdickungsmittel und andere Inhaltsstoffe ins Auge, bei denen jeder Gourmetkoch den Kopf schütteln würde.

Kurz gesagt: In den meisten Fällen gibt es keinen signifikanten Unterschied zwischen dem Feinschmecker-Angebot und dem Eigenmarken-Zwilling im Regal. Im Einzelfall müssen Sie sich die Zeit nehmen und die Produkte aufmerksam vergleichen. Machen Sie das nicht, zahlen Sie mit großer Wahrscheinlichkeit drauf.

NAHRUNGS-ERGÄNZUNGSMITTEL

Wir alle wollen möglichst lange und gesund leben. Um dieses Ziel zu erreichen, hat die Lebensmittelindustrie auch jede Menge an Produkten für uns im Angebot. Neben den klassischen Lebensmitteln gibt es den großen Markt der Nahrungsergänzungsmittel.

Wenn Sie soziale Netzwerke nutzen, ist Ihnen bestimmt auch schon die ein oder andere Werbung von Influencern untergekommen. Meist zeigen sich die Jungs oder Mädels in einer entspannten »Ich bin zuhause in meiner Wohnung-Atmosphäre« und preisen das ultimative Paket aus

Vitaminen, Mineralstoffen und Spurenelementen an. Oft in Form einer kleinen Kapsel oder eines Drinks. »Revolutionär« sei das und sorge für einen gesunden Körper. Die Versprechen sind klar: Nutzen wir dieses Produkt, nehmen wir wirklich alles zu uns, was der Körper in dieser stressigen Zeit jeden Tag braucht.

Ich war im letzten Jahr beeindruckt von einer Firma, die sehr massiv über Influencer ihr Nahrungsergänzungsmittel-Abo beworben hatte. Überwiegend gewonnen aus Algen, schien dieses Pulver die ultimative Lösung aller Probleme zu sein.

Diese »Botanicals« – also Nahrungsergänzungsmittel, die aus Pflanzen, Algen oder Pilzen gewonnen wurden – sind absolut im Trend. Und, wie so oft, eben auch sehr teuer. Ich habe auch dieses Produkt einmal getestet. Natürlich gibt's das nur im Abo und es kommt in einer sehr stylischen Hochglanzpackung ins Haus. Jeden Tag sollte ich einen Messbecher des Pulvers in Wasser auflösen und trinken. Lange habe ich nicht durchgehalten, weil ich mit dem Geschmack des Drinks so meine Probleme hatte. Dieses Paket hat mich an die 90 Euro gekostet. Wohlgemerkt: Das war eine Monatsration. Ein wirklich teurer Spaß!

Generell ist der Markt dieser Ergänzungsmittel ein Milliardenmarkt. Ob als Shake, Kapsel oder in Pulverform – Nahrungsergänzungsmittel sind das heiße Ding. Viele Menschen glauben, dadurch eine Extra-Portion Gesundheit zu schlucken. Das Statistische Bundesamt (Destatis) hat ermittelt, dass in Deutschland 2020 etwa 180 200 Tonnen Nahrungsergänzungsmittel hergestellt wurden. 11 Prozent mehr als im Jahr davor. Der Umsatz betrug rund 1,35 Milliarden Euro und alle Prognosen verheißen einen weiteren Boom. Experten erwarten, dass der Umsatz bis 2025 noch auf 1,7 Milliarden ansteigt.

Es geht nicht immer um die hippen Trends in diesem Business. Auch in jeder Apotheke oder Drogerie finden Sie Hunderte Produkte. Von Vitaminen und Mineralstoffen über gesunde Fettsäuren bis hin zu heilsamen Pflanzenwirkstoffen. Alles, von dem wir schon einmal gehört haben, dass es wichtig für unseren Körper sein soll, gibt es natürlich in Kapsel-, Tabletten- oder Pulverform. Dazu kommen noch die vielen

»normalen« Lebensmittel, denen beispielsweise Vitamine zugesetzt werden. Ich denke da nur an den Multivitaminsaft. Der ist übrigens eine clevere Erfindung. Schon Ende der 60er Jahre ließ ein bedeutender deutscher Hersteller im hauseigenen Institut an neuartigen Saftkreationen tüfteln. Es dauerte dann bis zum Jahr 1979, dass der erste »Frucht-Multi-Vitaminsaft«, benannt nach dem Leiter des Instituts Dr. Julius Koch, in die Regale der Supermärkte kam. Was damals einen Mega-Trend auslöste, wurde schon 2012 von Stiftung Warentest als »saftiger Flop« tituliert. Die Hersteller würden mit Aroma aus der Frucht geizen, aber die Säfte gleichzeitig mit Vitaminen überfrachten. Das Testergebnis war recht niederschmetternd: Acht Multivitaminsäfte erhielten die Note ausreichend oder mangelhaft.

Was ich so erschreckend finde, ist, dass Nahrungsergänzungsmittel keiner wirklichen Kontrolle unterliegen. Denn sie sind Lebensmittel und keine Medikamente. Für mich ist das ein großes Problem. Ich glaube, überall da wo keine Kontrolle stattfindet, kann es auch immer wieder Abzocke geben. Sei es, weil Hersteller uns einen Mangel einreden wollen, den es in dieser Form nicht gibt. Oder noch schlimmer: weil Abzocker irgendetwas zusammenmischen, es bunt verpacken und daraus einen neuen Trend machen. Den wir bitte auch entsprechend bezahlen sollen.

Woher sollen Sie wissen, dass Sie morgens den Extra-Kick Vitamine brauchen? Oder Ihr Körper dringend Magnesium, Zink oder Eisen benötigt? Weil es uns die Hersteller gern einreden, besteht noch lange kein realer gesundheitlicher Bedarf. Denken Sie nur an den Herbst und die Winterzeit und die permanente Aufforderung, unser Immunsystem mit Vitamin C vor Erkältungen zu schützen. Dass ein Zuviel aber auch schaden kann, ist den Wenigsten bekannt. Zu viel Vitamin C beispielsweise kann zu Nierenbeschwerden führen und Allergien auslösen. Ein Zuviel an Zink kann Kopfschmerzen, Durchfall und Erbrechen zur Folge haben. Und zu viel Vitamin D kann die Nieren in Mitleidenschaft ziehen.

Vielleicht hilft diese Zahl: Allein in den Jahren 2018 bis 2021 haben die Verbraucherzentralen den zuständigen Behörden 250 auffällige

Nahrungsergänzungsmittel gemeldet. Das waren unter anderem Produkte, die eine gesundheitliche Wirkung versprechen, die so gar nicht eintritt bzw. auch Produkte, die in ihrer Gesamtheit völlig überdosiert sind.

Bevor Sie also Ihr Geld für unnütze Ergänzungsmittel ausgeben, sprechen Sie mit Ihrem Arzt. Das Einnehmen von Vitaminen und Mineralstoffen nach dem Gießkannenprinzip macht überhaupt keinen Sinn. Wenn es einen festgestellten Mangel gibt, ist es absolut sinnvoll, diesen zu beseitigen. Aber wenn Sie sich gesund und ausgewogen ernähren, machen Sie in den meisten Fällen schon alles richtig.

Und Finger weg von all dem Zeug, das Ihnen Influencer andrehen wollen. Die haben nicht nur Nahrungsergänzungsmittel im Angebot, sondern in letzter Zeit auch immer wieder Saftkuren. Auf die will ich im folgenden Abschnitt noch näher eingehen.

SAFTKUREN

Ich liebe ja die sozialen Netzwerke. Sie sind für mich ein Quell für neue Themen. Jeden Tag finde ich hier ein neues Produkt oder eine neue Dienstleistung. Und viele Trends entstehen mittlerweile in diesem Kosmos. Getrieben von reichweitenstarken Influencern, die natürlich weitaus mehr Glaubwürdigkeit vermitteln als jede unbekannte Werbefigur in einem TV-, Online- oder Radiospot.

In den letzten Monaten sprang mir wiederholt ein neues Geschäftsmodell entgegen: Saft! Ganz konkret geht es um Saftkuren. Die Influencer werben in den sozialen Netzwerken für die verschiedensten Anbieter. Das große Thema ist hier die Entschlackung oder Entgiftung des Körpers. Durch das Trinken von verschiedenen Säften über den Tag hinweg und über einen Zeitraum von 5 bis 7 Tagen, sollen alle Giftstoffe aus uns rausgespült werden.

In dieser Zeit verzichtet man auf feste Nahrung, aber auch auf Alkohol und andere Laster wie das Rauchen. In diesem Zusammenhang wird oft davon gesprochen, dass durch diese Saftkuren Leber und Nieren mal komplett runterfahren können. Statt sich damit beschäftigen zu müssen, den Körper permanent schadstofffrei zu halten. Was mich etwas wundert: Ist das nicht genau die Aufgabe der entsprechenden Organe? Hat sich die Evolution nicht etwas dabei gedacht? Die Verkäufer der Saftkuren sehen das etwas anders. Kein Wunder: Für sie ist es ja auch ein lohnendes Geschäft.

Was sagt eigentlich die Medizin dazu? Ich habe mal geschaut, was es hier an Studien oder auch an Aussagen von Ärzten gibt. Das, was ich gefunden habe, spricht leider wenig für die Saftkuren. Hauptkritikpunkt: Es wird hier mit etwas geworben, was der Körper im gesunden Zustand selbst sehr gut hinbekommt: das Entgiften!

Unser Organismus ist so komplex und effizient aufgebaut, dass Schadstoffe natürlich verarbeitet und ausgeschieden werden. Leber, Nieren, die Lunge, die Haut – viele Organe sind den ganzen Tag damit beschäftigt, schädliche Stoffe zu filtern oder zu verarbeiten. Und das funktioniert auch ohne kaltgepressten Saft ganz gut. Es fehlen auch jegliche wissenschaftlichen Beweise, dass so eine Saftkur irgendetwas anders machen würde als das, was der Körper so oder so schon tut. Seit Millionen Jahren und nicht erst, seitdem Mark Zuckerberg uns Instagram geschenkt hat.

Natürlich ist es absolut unbestritten, dass der Verzicht auf Alkohol und Zigaretten unserer Gesundheit nur guttun kann. Nur dafür müssen Sie keinen teuren Saft trinken. Denn haben Sie sich mal die Mühe gemacht, die Kosten zu betrachten? Kriegen Sie keinen Schreck. Es ist unfassbar teuer. Ich würde hier in einigen Fällen auch mal von Wucher sprechen: Die meisten Saftkuren umfassen vier Flaschen am Tag à 250 ml. Das Ganze für eine Woche sind insgesamt sieben Liter Saft. Und dann schauen Sie mal auf den Preis. 70 bis 150 Euro kassieren die Anbieter für so eine Woche. Das sind also 10 bis 20 Euro pro Liter Saft. Kaufen Sie auf dem Markt oder im Bio-Laden einmal für 100 Euro frisches Gemüse zum Vergleich. Bei allem Respekt vor neuen Ideen und möglichen Innovationen: Das ist meiner Meinung nach mehr als Abzocke. Und obendrein auch noch mit dem Effekt verbunden, dass Sie viel (Frucht-)Zucker zu sich nehmen. Denn die Säfte sind leider auch ganz schöne Kalorienbomben!

Mit einer kommerziellen Saftkur wird vor allem Ihr Konto ordentlich entschlackt. Ich lasse die Finger weg von diesen völlig überteuerten Säften. Da beiße ich doch lieber mal in einen Apfel aus der Region und halte es mit einem der Glaubenssätze der Detox-Queen Gwyneth Paltrow. Auch wenn die US-amerikanische Oscar-Preisträgerin seit Jahren massiv für ihre eigene Detox-Kur wirbt, hat sie in einem Punkt auf jeden Fall recht: Die einzige Formel, wie wir unseren Körper beim Entgiften effektiv unterstützen können, heißt trinken, trinken, trinken. Und das nötige Wasser dafür bekommen wir für Minigeld daheim aus dem Hahn.

UVP – DIE UNVERBINDLICHE PREISEMPFEHLUNG

Das waren noch Zeiten, damals in den 80er Jahren. Ich war noch ein Kind, kann mich aber noch ganz gut an die Bilder aus dem (West-) Fernsehen erinnern. Diese Bilder gab es zweimal im Jahr und hatten meist die gleiche Perspektive: Von drinnen gefilmt waren Menschenmassen zu sehen, die sich draußen vor gläsernen Türen sammelten, bis diese geöffnet wurden und die Massen – die kein Halten kannten – sich in das Kaufhaus ergossen. Ja, es war wieder Zeit für den Winter- oder Sommerschlussverkauf. Für die Großkampftage an den Kleiderständern und in den Grabbelkisten. Der Handel hatte es seinerzeit den Konsumenten recht leicht gemacht. Nur in diesen Schlussverkaufswochen gab es die große Rabattschlacht. Und das grundsätzliche Gefühl war auch, dass wir dabei als Kund*innen wirklich richtig viel sparen konnten. Damals war es nämlich tatsächlich noch so, dass die Lager geräumt werden mussten.

Seit diesen glorreichen Tagen des Billig-Konsums hat sich die Welt – glücklicherweise – weitergedreht und vieles hat sich verändert. Der Sommer- und Winterschlussverkauf ist schon lange eingemottet und die Bilder von Kundenmassen, die einen Laden stürmen, gibt es heute nur noch im Archiv. Bei all dem Warenüberfluss, in Zeiten der Digitalisierung und der jederzeitigen Verfügbarkeit aller gewünschten Produkte haben sich auch die Schnäppchentage und -wochen weiterentwickelt. Diese tragen nun so wohlklingende Namen wie »Black Friday«, »Singles Day«, »Cyber Monday« oder »Cyber Week«. Die digitale Shopping-Elite war in den letzten Jahren kreativ bei der Namensfindung und lockt uns Verbraucher nun fast monatlich in den stationären Handel oder auf die Webseiten der großen Onlineshops. Schnäppchen und Rabatte gibt es nun eigentlich jeden Tag, jede Woche. Aber eines ist schwer geworden: die Vergleichbarkeit und die Sicherheit, dass es sich wirklich um Sonderangebote handelt. Der Handel hat irgendwann erkannt, dass diese Sonderaktionen nicht nur übervolle Lager räumen, sondern auch für fetten Umsatz sorgen können.

Und so sind die meisten Schnäppchen in Wahrheit absolute Luftnummern. Auch heute noch wird die »unverbindliche Preisempfehlung« gern als Basis für die großen Rabattierungen herangezogen. Jeder von uns kennt diese großen roten Schilder in den Schaufenstern der Shops auf den Einkaufsstraßen: »Sale – alles bis zu 70 Prozent reduziert!« Die Rabattierung bezieht sich dann im Regelfall auf die UVP (die übrigens 1974 in Deutschland eingeführt wurde). Aber wer garantiert uns Kunden/Kundinnen eigentlich, dass dieser Preis jemals kassiert wurde? Tja. Das ist die Krux an der ganzen Geschichte. In den meisten Fällen wird diese Preisempfehlung durch den Handel nie umgesetzt. Und das ist rechtlich auch völlig in Ordnung so. Der Handel darf mit dieser UVP werben, sofern sie vom Hersteller tatsächlich vorgeschlagen wurde. Aber der Verkäufer ist nicht verpflichtet, diesen Preis in der Realität wirklich zu nehmen. So wird also im Handel mit einem Ursprungspreis geworben, der auf dem Preisschild nie wirklich stand. Die Basis, auf der der Rabatt berechnet wurde, ist eigentlich nicht existent.

Die Wettbewerbszentrale in Deutschland ist hier die Organisation, die das Geschäftsgebaren überwacht. Es ist eine Institution, die von

Unternehmen und Verbänden gegründet wurde. Als eine Art freiwillige Selbstkontrolle. Sie überwacht im Handel die Umsetzung des Gesetzes gegen den unlauteren Wettbewerb und mahnt Unternehmen regelmäßig ab, die gegen das Gesetz verstoßen.

Die Händler sind dazu verpflichtet, deutlich klarzustellen, dass es sich nicht um eine echte Preisreduzierung handelt, sondern eben nur um die UVP. Sinn und Zweck dieser Regelung soll sein, dass Sie und ich erkennen sollen, ob es sich um einen vom Händler geforderten Preis, oder lediglich um einen Vergleich mit der UVP des Herstellers handelt. Aber Hand aufs Herz, wer will das überall kontrollieren? So werden wir wohl weiterhin mit rot leuchtenden Schildern und einem großen Rabattversprechen in den Laden gelockt, auch wenn die wahre Ersparnis ganz anders – und vielleicht viel niedriger – aussieht.

Mein wichtigster Tipp: Ignorieren Sie immer und jederzeit die UVP. Tun Sie so, als ob es dieses Relikt aus den 70er Jahren gar nicht gibt. Ich würde mir fast sogar noch wünschen, dass wir alle Brillen tragen, die Rot ausfiltern. Dann können wir auf die Sale-Schilder nicht hereinfallen. Aber mal im Ernst, das wichtigste Learning aus der Marktwirtschaft haben schon unsere Großeltern verstanden: Niemand hat etwas zu verschenken.

Wenn wir also die unverbindliche Preisempfehlung einmal als nicht existent betrachten, können wir uns näher mit dem rabattierten Preis selbst beschäftigen. Da stehen wir nun und fragen uns: Ist das Angebot wirklich ein gutes Angebot? Wie lässt sich das verifizieren? Wie kann ich als Kunde denn tatsächlich feststellen, ob ich hier beim Kauf wirklich nennenswert spare? Tatsächlich ist das schwer. Was zum einen an der unüberschaubaren Anzahl an Produkten einer Klasse liegt. Heute gibt es nicht mehr zwei Kaffeemaschinen, sondern Hunderte. Nicht mehr drei Marken, die Polo-Shirts herstellen, sondern vermutliche Tausende. Eine Vergleichbarkeit von Produkten wird immer schwerer, wenn es nicht gerade Markenartikel sind. Wobei auch hier getrickst wird. Da komme ich später unter der Überschrift »Bekleidungs-Outlets – Schnäppchen oder Trickmaschen« (ab S. 59) zurück.

Meine Empfehlungen daher: Nutzen Sie die vielfältigen Preisvergleichsseiten im Internet, die heute eines wunderbar können: in die Vergangenheit zu schauen. Gerade bei Markenprodukten lässt sich so sehr schnell herausfinden, wie die Preisentwicklung der letzten Wochen und Monate tatsächlich war. Verzichten Sie auf Einkäufe rund um die bekannten Shoppingtage. Der ganze Lärm, der da vom Handel gemacht wird, ist in den meisten Fällen nur viel Lärm um nichts. Und ignorieren Sie die UVP. Immer und jederzeit.

GIBT ES FAUSTREGELN, UM BEIM EINKAUFEN IM SUPERMARKT GELD ZU SPAREN?

Nach der Lektüre der ersten Seiten könnte vielleicht der Eindruck entstehen, dass wir alle nicht mehr in den Supermarkt gehen sollten, um dort einzukaufen. Das ist natürlich Unsinn. Es spricht überhaupt nichts dagegen, unsere Lebensmittel im Supermarkt oder Discounter zu kaufen. Aber sicher ist es gut zu wissen, wie Hersteller und Handel versuchen, uns mit kleinen täglichen Tricksereien das Geld aus der Tasche zu ziehen.

Dass wir nicht allem Glauben schenken dürfen, was in der Werbung und auf den Verpackungen so vollmundig versprochen ist, wissen wir bereits. Welche Möglichkeiten haben wir, trotzdem beim Einkaufen im Supermarkt Geld zu sparen?

So schnell, wie die Preise im Lebensmittelladen in den letzten Monaten gestiegen sind, wurde mir manchmal angst und bange. Monat für Monat wurden uns wieder neue Höchstwerte der Teuerungsraten um die Ohren geschlagen. Und auch wenn ich als Verbraucherexperte durch den Dschungel der Fallstricke gut durchblicke, als Inflations-Stopper bin auch ich nicht geeignet. Wenn wir schon nichts gegen die Teuerung tun können, dann bietet sie uns allen doch eine gute Chance. Nämlich unser Einkaufsverhalten auf den Prüfstand zu stellen, ein paar alte Gewohnheiten über Bord zu werfen und zu versuchen, der Inflation, wo immer es geht, so doch noch ein kleines Schnippchen zu schlagen.

EIGENMARKEN

Werfen wir zuallererst einen Blick auf das Äußere. Tatsächlich dürfen Sie sich nie, nie, nie von der Verpackung beeindrucken lassen. Die Verpackung ist nur ein schöner Schein. Die wurde von cleveren Marketingmanagern ausgetüftelt. Sie haben teure Studien in Auftrag gegeben, Testgruppen erstellt und ausprobiert, welche Farben, welche Schriftarten und welche Bilder bei uns die tollsten Emotionen auslösen. Die Verpackung hat nur einen Auftrag: Sie soll uns eine Ware bestmöglich verkaufen, aber mit dem eigentlichen Inhalt hat sie nicht wirklich etwas zu tun. Punkt.

Wir sehen das immer wieder bei den Eigenmarken, die im Regelfall relativ nüchtern in ihrer Aufmachung daherkommen. Aber wie ist das eigentlich mit diesen Discounterprodukten, sind sie schlechter als Markenware? Zuerst sind sie deutlich günstiger. Ein Muster-Warenkorb der Stiftung Warentest mit Produkten von Markenherstellern kostet 36,03 Euro, der vergleichbare Korb mit Eigenmarken nur 19,68 Euro.

Und obwohl sie preislich meist erheblich günstiger sind, zeigen unzählige Tests, dass Eigenmarken in der Qualität den Markenartikeln in keiner Weise nachstehen. So hat die Stiftung Warentest 2022 einen großen Marken-Check durchgeführt. Dafür wurden 72 Prüfungen vergangener Jahre mit mehr als 1700 Artikeln neu ausgewertet. Das Urteil der Stiftung Warentest: Oftmals liegen Eigenmarken und Markenware in der Qualität gleichauf.

Den hohen Preisunterschied zwischen Markenartikeln und günstiger No-Name-Ware nur mit einer günstigeren Verpackung zu erklären, wäre zu kurz gedacht. Ein Hauptgrund sind die horrenden Ausgaben, die Markenhersteller in ihre Werbung stecken.

Es ist auch ein offenes Geheimnis, dass der Großteil der No-Name-Ware von den gleichen Herstellern produziert wird, die auch Markenware produzieren. Aus welchem Haus die günstigen Alternativen stammen, können Sie schnell selbst herausfinden: Spionieren Sie online und ganz legal auf der umfangreichen Datenbank von »Wer-zu-Wem« (www.wer-zu-wem.de). Sie werden überrascht sein, welche vordergründige Billig-Marke von welchem namhaften Hersteller produziert wird.

Merke: Immer mit nüchternem Blick durch den Supermarkt gehen und sich nicht von Verpackungen blenden lassen.

GOLDENE EINKAUFSREGELN

Kommen wir zurück zu der Frage, wie sich trotz Inflationsdruck beim nächsten Einkauf im Supermarkt Geld sparen lässt. Eine alte Regel, die mir schon meine Oma als Kind mit auf den Weg gegeben hat, kann uns noch heute vor dem ein oder anderen teuren Fehlkauf bewahren: »Gehe niemals mit leerem Magen einkaufen, denn nur dann entscheidet dein Kopf, wie viel Geld du ausgibst und nicht dein knurrender Magen.«

Auch der gute alte Einkaufszettel ist wieder topaktuell. Plane deine Einkäufe richtig, bündele sie und geh am besten nur einmal in der Woche einkaufen. Das spart nicht nur ärgerliche Wartezeit an der Kasse, sondern auch Geld. Denn wer seltener zum Einkaufen geht, gibt normalerweise auch weniger aus. Gerade eine gut geführte Einkaufsliste beugt unnötigen Spontan- und Impulskäufen vor. Ganz klar: Wer sich vorher Gedanken darüber macht, was er braucht, der kauft auch nur das ein.

Hier gibt es sicher bei vielen von uns noch viel Luft nach oben. Das zeigt sich auch immer wieder deutlich in den Statistiken zur Lebensmittelverschwendung. Jedes Jahr landen bei uns rund 78 Kilo Lebensmittelabfälle im Hausmüll. Pro Person versteht sich. Davon sind rund 35 Prozent frisches Obst und Gemüse, 13 Prozent Brot und Backwaren. Getränke folgen mit 12 Prozent, vor Milchprodukten mit 9 Prozent. Interessanterweise wird in Haushalten, wo jüngere Leute wohnen, mehr weggeworfen. Ältere werfen weniger weg. Nichts zu verschwenden, ist eine Tugend, die wir von Oma und Opa übernehmen sollten.

LEBENSMITTEL NICHT VERSCHWENDEN

Nach wie vor wandern zu viele (noch) frische Lebensmittel in den Müll, aber auch bereits zubereitete Mahlzeiten werden viel zu häufig entsorgt. Klar, es ist nicht immer einfach, genau abzuschätzen, wie viel nun auf den Tisch kommt. Für jeden, der da Hilfe gebrauchen kann, haben sich die Verbraucherzentralen etwas einfallen lassen. Der Portionsplaner ist dein Helpling in der Küche. Personenanzahl, Anzahl der Gänge, vegetarisch oder mit Fleisch? Dieses bequeme Tool hilft, die richtigen Mengen für Ihren Einkaufszettel zu ermitteln (www.verbraucherzentrale.de/portionsplaner).

Einer der größten Freunde der Wegwerfgesellschaft ist das sogenannte Mindesthaltbarkeitsdatum. Die meisten Waren lassen sich aber noch konsumieren, wenn dieses schon abgelaufen ist. Vertrauen Sie da Ihren Augen, Ihrer Nase und Ihrem Bauchgefühl. Viele Untersuchungen zeigen, dass Trockenprodukte wie Nudeln oder Reis mehrere Jahre nach Ablauf noch bedenkenlos genießbar sind. Auch Produkte wie Mehl oder Zucker können Sie noch entspannt mehrere Monate nach Ablauf des MHD genießen. Wenn wir auf Frischeprodukte schauen: Joghurt, Quark oder andere Milchprodukte können teilweise noch bedenkenlos 14 Tage nach Ablauf gegessen werden. Bei frischem Fleisch, Geflügel und Fisch/Meeresfrüchten ist allerdings große Vorsicht geboten. Hier ist es aus gesundheitlichen Gründen bereits noch vor Ablauf des MHD immer angeraten, das Produkt vor dem Verzehr gut anzuschauen und auf seinen frischen Geruch zu prüfen – und gegebenenfalls wegzuwerfen.

RABATTE, COUPONS, ANGEBOTE

Auch Ihr Smartphone kann im Supermarkt helfen, Geld zu sparen. Die meisten Supermärkte haben eigene Apps und bieten Rabattaktionen und Coupons, mit denen sich Preise reduzieren lassen. Ein Handelsriese bot zum Beispiel über mehrere Monate in seiner App einen Rabatt in

Höhe von 10 Prozent auf seine wichtigste Eigenmarke an und half ein wenig beim Inflationsausgleich.

Nutzen Sie Coupon-Seiten im Internet und Cashback-Apps. Hier bekommen Sie für ausgewählte Aktionsprodukte tatsächlich Geld zurück. Genauso funktioniert auch das Prinzip »gratis testen«. Sie kaufen ein Produkt, laden dann auf einer Aktionsseite des Herstellers Ihren Einkaufsbon hoch und bekommen den ausgegebenen Geldbetrag erstattet.

Und wie beim Tanken auch, gibt es mittlerweile Preisvergleichs-Apps, die einem zeigen, welche Lebensmittel in der Umgebung wie teuer oder auch günstig sind.

Im ersten Moment mutet es fast ein bisschen old school an, aber gerade jetzt, wo Lebensmittelpreise stetig steigen und die Inflation Rekordwerte erreicht, ist das Vergleichen von Preisen wieder wichtiger geworden. Nehmen Sie sich ein paar Minuten und schauen Sie sich die Angebots-Prospekte an. Es lohnt sich meist, bei diesen Sonderangeboten genau hinzuschauen und bei guten Preisen auch mal das ein oder andere Produkt zu bevorraten.

Ein paar Tipps und Tricks möchte ich Ihnen noch mit auf dem Weg in den nächsten Supermarkt geben. Nehmen Sie einen kleineren Einkaufskorb statt einen Wagen. Greifen Sie zu saisonalen Produkten. Vergleichen Sie die Grundpreise und gehen Sie öfter mal in die Knie. Unten im Regal finden Sie immer die günstigeren Produkte. Nutzen Sie gerade bei Obst und Gemüse Preisreduktionen vor Ladenschluss. Das spart oft mehr als die Hälfte. Sparen Sie sich das schwere Schleppen (und das Geld) und lassen Sie Mineralwasser im Laden stehen. Unser Leitungswasser hierzulande ist von hervorragender Qualität, wird Ihnen direkt frei Haus geliefert und ist etwa 100-mal günstiger als Mineralwasser aus Flaschen. Das gute Nass aus der Leitung ist nicht nur gut für Ihren Körper und Ihr Portemonnaie, sondern auch für das Klima eine regelrechte Wohltat. Die Belastung unseres Klimas durch Mineralwasser-Produktion und Handel ist fast 600-mal höher als beim Wasser aus dem Hahn.

DIE OBST-ABZOCKE ODER »FAULES OBST«

Ich gehe total gern in den Supermarkt. Das liegt in erster Linie daran, dass ich sehr gern beobachte, wie sich Trends entwickeln und wie es neue Produkte in die Märkte schaffen. Es gibt aber einen Trend, über den ich mich schon seit Jahren ärgere. Es geht um Obst und Gemüse. Standard ist in allen Märkten, dass die Gemüse- und Obstabteilung zuerst kommt. Das hat psychologische Gründe. Wenn wir Kunden zuerst das frische Obst und Gemüse sehen, übertragen wir diese gesamte Frische unterbewusst auch auf den Rest des Supermarktes. Meist sind diese Bereiche selbst wie kleine Märkte aufgebaut. Ist Ihnen das schon einmal aufgefallen? Da stehen Holzkisten, Kürbisse, manchmal sogar auf Stroh drapiert. Eine ausgeklügelte Licht-Dramaturgie lässt es besonders verlockend aussehen. Äpfel, Ananas oder Gurken sind meist unverpackt. Quasi als hätte die Marktleiterin sie gerade selbst frisch auf dem Feld gepflückt.

So weit, so gut. Mich ärgert aber ein neuer Trend. Einer, der in unserer schnelllebigen Zeit viele Interessenten gefunden hat. Der Trend hin zum geschnittenen Obst und Gemüse. Unser Konsumverhalten hat sich grundlegend verändert. Das Zauberwort heißt Convenience, zu gut Deutsch: Bequemlichkeit. Uns Verbrauchern wird die Arbeit in der Küche erleichtert und wir gewinnen Zeit. Dafür sind immer mehr bereit, einen doppelt so hohen Preis zu zahlen.

Gewürfelte Kokosnuss, Ananas und Mango in Plastikschälchen, Paprikasticks oder Fertigsalate mit Dips und Dressings – kaum ein Kühlregal im Supermarkt oder Discounter kommt noch ohne aus. Das mag zwar für unseren schnelllebigen Lifestyle sehr praktisch sein, hinterlässt aber riesige Mengen Müll und große Löcher in unserem Portemonnaie. Zudem kann die neue Bequemlichkeit auch unserer Gesundheit schaden. Bakterien lieben das feuchte Umfeld und vermehren sich dort schnell.

Es ist immer eine Herausforderung für Lebensmittelhändler, bei portionierten Produkten die Keimbelastung im Griff zu behalten. Wenn Gemüse, Obst und Salate geschnitten sind, erhöht es die Anfälligkeit. Die unversehrten Lebensmittel haben einen natürlichen Schutz vor Bakterien. Schneiden wir sie, tritt an den Schnittflächen Zellsaft aus – ein Eintrittstor für Keime. Das haben auch immer wieder Untersuchungen von Hygiene-Instituten gezeigt. Fertigsalate werden alle paar Jahre mal gecheckt und immer wieder finden sich teilweise echt hohe Keimbelastungen. So fanden sich bei Untersuchungen des Magazins ÖKOTEST Schimmelpilze und Darmbakterien, die Durchfall und Erbrechen auslösen können (so kann man es u. a. in einer Veröffentlichung des Magazins aus dem November 2019 nachlesen).

Auf den ersten kurzen Blick mögen diese geschälten und geschnittenen Produkte einen großen Vorteil mit sich bringen. Aber wenn Sie mal genauer hinschauen, so werden Sie schnell entdecken, dass dieses portionierte Obst nur einem hilft: dem Supermarkt!

Die Preise für geschältes oder geschnittenes Obst und Gemüse sind völlig aus dem Ruder geraten. Mir ist das erst letztens wieder bei der Wassermelone aufgefallen. Hier ist der Markt völlig durchgedreht. Nicht nur, dass es die Wassermelone als ganze Frucht gibt. Nein, sie wird nun auch in Scheiben geschnitten und als mein persönliches Highlight: in einer Packung als Würfel verkauft. Machen Sie sich einmal die Mühe und vergleichen Sie die Preise. Ich weiß, dass ist in der Regel gar nicht so leicht. Dafür sorgen die Märkte schon. Die Preise sollen nicht leicht vergleichbar sein. Die ganze Frucht bekommt einen kg-Preis, die Schale mit den geschnittenen Wassermelonen wird mit einem 100 Gramm Preis ausgewiesen und der Becher mit den Wassermelonen-Würfeln bekommt einen Stückpreis. Die wenigsten Kunden machen sich die Mühe und vergleichen die Preise akribisch. Würden Sie das tun, so würden Sie schnell sehen, dass auf 100 Gramm gerechnet die Preise wie folgt aussehen:

Wassermelone am Stück	1 kg	1,30 Euro
Wassermelone, geschnitten	1 kg	4,00 Euro
Wassermelone, gewürfelt	1 kg	8,00 Euro

Bedenkt man, dass bei der Wassermelone am Stück ja auch die ganze Schale mitgewogen und mitgekauft wird, die wir nicht essen, ergibt der Preisvergleich des puren Fruchtfleisches immer noch: Gewürfelt gekaufte Wassermelone ist mehr als dreimal so teuer wie die frische Wassermelone am Stück.

Gegen ausreichend Obst und Salat ist ja nichts einzuwenden, gegen den enormen Berg an Plastikmüll, den man mit der Bequemlichkeit dazukauft, aber schon. Denn der passgenaue Convenience-Hype kommt nicht nur mit Schälchen aus Plastik, sondern selbstverständlich auch mit Plastikgabel und -löffel und einer extra Verpackung für das Dressing daher. Natürlich auch aus Plastik. So tragen Einweggeschirr und die hippen To-Go-Verpackungen mit rund 350 000 Tonnen Abfall mittlerweile ganz erheblich zu Deutschlands Müllbergen bei. Obwohl seit Juli 2021 Plastik-Einweggeschirr eigentlich verboten ist, bleibt die To-Go-Salatschale leider weiterhin erlaubt.

MILCH-ALTERNATIVEN

Wir sprechen jetzt über Milch. 32 000 Tonnen Kuhmilch werden jedes Jahr in Deutschland hergestellt. Eine schwer greifbare Zahl. Milch hat eigentlich einen guten Ruf. Denken wir da nur an die bekannten Werbesprüche wie *»Milch macht müde Männer munter.«*, *»Die Milch macht's!«* oder auch, für einen Kinderquark, *»So wichtig wie das tägliche Glas Milch.«*

Ich habe von meinen Eltern und Großeltern gelernt: Milch ist wichtig, Milch ist gesund, weil Milch viel Calcium enthält. Und das ist sehr wichtig für den Knochenbau. Aber es hat sich in den letzten Jahren bei diesem Thema so einiges geändert. Der Absatz von Milch- und Milchprodukten geht langsam zurück. Aus vielen Gründen. Auf der einen Seite gibt es Bedenken, ob Milch wirklich so gesund ist. Auf der anderen Seite spielt die Milchproduktion beim Thema Klimaschutz eine wichtige Rolle.

Wenn wir einmal auf die Gesundheit schauen, dann finden wir schnell viele Informationen darüber, was Milch so wertvoll macht. Kuhmilch enthält viele Nährstoffe. Was auch kein Wunder ist, denn die Kuhmilch soll ja eigentlich das Kalb ernähren. Deshalb gibt es eben in der Kuhmilch reichlich Vitamine und Mineralien. Auf der anderen Seite gibt es viele Studien, die aufzeigen, dass Kuhmilch ungesund sein soll. Milch soll bestimmte Krebserkrankungen fördern oder auslösen. Es gibt Untersuchungen, die zeigen zum Beispiel ein erhöhtes Risiko für Prostatakrebs. Eine Universität in Kalifornien hat dazu geforscht. Aber dazu müsste man laut den Untersuchungen viel Milch trinken. Knapp zwei Tassen jeden Tag. Es gibt aber auch andere Studien, die zeigen das Milch vor Darmkrebs schützt.

Der vielleicht wichtigste Aspekt beim Thema Milch ist der Klimaschutz. Wir alle sind sensibilisiert, unser eigenes Konsumverhalten jeden Tag aufs Neue auf den Prüfstand zu stellen. Und das ist mittlerweile kein Geheimnis mehr: Der Verzicht auf Milch kann ein bedeutender Schritt in Richtung Klimaschutz sein. Denn tierische Produkte verschlingen enorme Ressourcen. Was Flächen, aber auch was den Wasserverbrauch angeht. Um einen Liter Milch zu produzieren, werden rund 628 Liter Wasser benötigt. Ganz zu schweigen davon, dass Kühe Klimagas-Treiber sind. Weniger Milch heißt weniger Kühe und weniger Klimabelastung.

Wussten Sie, dass einen Liter Milch zu trinken für unser Klima genauso schädlich ist, als würden Sie 7 Kilometer mit einem durchschnittlichen Auto fahren? So belastet jede Kuh pro Jahr unser Klima so viel wie zwei durchschnittliche PKW. Der Bewusstseinswandel in Richtung Klimaschutz hat uns sensibilisiert und einen neuen Massenmarkt geschaffen: den Markt der Milchalternativen. Vergleichen wir zum Beispiel einmal Sojamilch mit Kuhmilch. Da glänzt die Alternative durch eine deutlich bessere Umweltbilanz. Bei der Herstellung von Sojamilch werden fast 69 Prozent weniger Treibhausgase erzeugt, 92 Prozent weniger Fläche und 95 Prozent weniger Wasser benötigt. Noch besser gefällt mir persönlich der Haferdrink: Der ist meist regional hergestellt – besser geht es nicht. Und Hafer ist sehr resistent gegenüber Schädlingen, muss also im konventionellen Anbau wenig bis kaum gespritzt werden.

Wenn Sie heute in einen Coffeeshop gehen, dann spielt Milch manchmal schon kaum noch eine Rolle. Es gibt so viele Alternativen. Ob aus Kokos, Soja, Mandel oder Hafer – gerade, wer sich vegetarisch oder vegan ernähren möchte, findet viele Möglichkeiten. Auch in den Supermärkten finden Sie im Milchregal eine schier unübersichtliche Anzahl an alternativen Produkten.

Was alle eint: ihr recht hoher Preis. Ich stand kürzlich vor einem Haferdrink, der 3 Euro für den Liter kosten sollte. Natürlich habe ich mir sofort die Frage gestellt, ob dieser Preis gerechtfertigt ist oder wir Verbraucher*innen hier abgezockt werden. Denn wie man spätestens im ersten Semester BWL lernt, bestimmen nicht nur die Herstellungskosten den Preis, sondern vor allem auch die Nachfrage im Markt. Und weil die Alternativen zur Kuhmilch gerade so hoch im Kurs stehen, scheinen sich viele davon nicht abschrecken zu lassen. Aber was ist drin in den Alternativen und warum kosten diese Ersatzdrinks so viel Geld?

Nehmen wir uns gemeinsam Haferdrinks vor. Ich habe mal beispielhaft ein Produkt genommen und auf der Rückseite folgende Zutaten gefunden:

> Wasser, fermentierter Vollkorn-Hafer (15 %),
> Sonnenblumenöl, Meersalz

Liest sich so, als wäre in einem Haferdrink vor allem viel Wasser mit einem Hauch Hafer drin. Wasser ist zwar global gesehen kostbar, wird aber nur einen Bruchteil der Kosten verursachen. Da der Vollkornhafer mit 15 Prozent angegeben ist, wird Wasser wahrscheinlich 75 bis 80 Prozent des Gesamtvolumens ausmachen. Bleibt also der Vollkornhafer als Kostentreiber.

Na klar, durch die Covid-bedingte Beeinträchtigung der Lieferketten und den Ukraine-Krieg sind zahlreiche Rohstoffpreise teurer geworden. Ihr Anteil am Gesamtpreis macht aber meist nicht mehr als 10 Prozent aus. Da schlägt der Unterschied in der Mehrwertsteuer sogar höher zu Buche. Während unsere Kuhmilch mit 7 Prozent besteuert wird, schlägt die Mehrwertsteuer bei den Alternativen mit 19 Prozent voll durch.

Aber selbst das erklärt den großen Preisunterschied nicht. Auch wenn allgemein gesagt wird, dass herkömmliche Milch eigentlich zu günstig angeboten wird, sind 2 Euro Unterschied schon erheblich.

Als ich in den Regalen genauer hingeschaut habe, ist mir schnell bewusst geworden, wo das meiste Geld hinfließt: in die Marken. Mittlerweile sind jedoch auch viele Discounter auf den Hype Milch-Alternative aufgesprungen und bieten Hafer-, Soja- und Kokosnuss-Produkte als hippe Eigenmarken an. Und siehe da: Die wiederum sind nur unwesentlich teurer als Kuhmilch, dabei aber oft um mehr als die Hälfte günstiger als die Produkte mit einer gehypten Marke auf der Verpackung.

LUFT IM EIS

Es war einer dieser richtig heißen Tage im letzten Sommer. Den Nachmittag hatte ich mir frei genommen, da ich genau an dem Buch weiterarbeiten wollte, das Sie jetzt gerade in den Händen halten.

Da es so ein schöner Sonnentag war, wollte ich mich mit meinem Laptop in den Garten setzen. Aber vorher zog es mich an den Kühlschrank. Mir fiel ein, dass ich noch Eis daheim hatte und ich bin manchmal richtig eisverrückt. Die unangebrochene Packung hatte ich gerade aus dem Gefrierfach geholt, da klingelte das Telefon. Eine Kollegin bat mich um Hilfe und ich verabredete mich mit ihr kurzfristig zu einem Call, da ich ihr etwas am Bildschirm zeigen sollte. Das dauerte eine Weile und weil ich schon am Laptop saß, habe ich einfach konzentriert weitergeschrieben. Die Küche und mein Eis habe ich völlig vergessen.

Es muss ein richtig spannendes Thema gewesen sein, denn Eis zieht mich leicht in seinen Bann. Wie übrigens die meisten von uns. Deutschland ist Europameister unter den Speiseeis-Produzenten. Mit insgesamt 614 Millionen Litern lagen wir 2021 vor Frankreich mit 459 Millionen Litern. Die Italiener kamen mit ihren 381 Millionen Litern gerade einmal auf Platz 3. Fast acht Liter Eis isst jeder Deutsche pro Jahr. Der überwiegende Teil davon vom Discounter oder aus dem Supermarkt. Ein riesen Geschäft für alle Beteiligten. Konkret reden wir über ein Marktvolumen von 2,31 Milliarden Euro.

Als ich mir zum Abend mein Abendbrot machen wollte, entdeckte ich das mittlerweile fast aufgetaute Eis. Irgendwie schimmerte es merkwürdig durch die milchig weiße Verpackung und ich machte den Deckel auf. Was ich dann sah, erschreckte mich. Die Packung war nur noch zu etwas mehr als die Hälfte mit der milchigen Creme gefüllt. Wo war denn mein Eis abgeblieben? Ein guter Teil hatte sich quasi in Luft aufgelöst.

Luft ist ein gutes Stichwort: Tatsächlich wird industriell hergestelltes Eis meist mit viel Luft aufgeschlagen. Aufgrund einer Ausnahmeregelung in der sogenannten Fertigpackungsverordnung kann bei Speiseeis der Inhalt in Volumen angegeben werden. Blöd für uns Verbraucher ist nur, dass sich am Volumen nicht ablesen lässt, wie viel Eis wirklich in der Packung ist. Die Hersteller sind nämlich nicht verpflichtet, den Luftanteil anzugeben. Die Verbraucherzentralen haben buchstäblich die Luft rausgelassen, Eis unter die Lupe genommen und die Mogelei aufgedeckt. Das Ergebnis war für uns Eisliebhaber eine richtige Klatsche. Der Unterschied zwischen der echten Füllmenge an Eis bei Markenherstellern betrug auf einen Liter sage und schreibe 82 Prozent. Der größte »Schaumschläger« in der Untersuchung glänzte zusätzlich noch mit einer Vielzahl E-Nummern unter den Zutaten, Farbstoff und Aroma, damit das Luft-Eis wohl überhaupt noch nach etwas schmeckt. Auffallend: Das Eis mit dem geringsten Luftanteil brauchte keinen einzigen dieser Zusatzstoffe.

Die viele Luft führt auch zu Problemen beim Grundpreis. Der scheint nämlich bei Eissorten mit wenig Luft teurer zu sein, da sie bei gleichem Gewicht natürlich weniger Volumen haben. Das führt an der Kühltruhe zu echter Verwirrung. Warum dies in Deutschland noch immer so gehandhabt wird, ist mir ein Rätsel. In Frankreich, den Niederlanden und Spanien etwa muss längst das Nettogewicht deklariert werden. In Italien wurde sogar ein Gesetzentwurf ins Parlament eingebracht, der die luftige Abzocke mit Geldbußen von bis zu 10 000 Euro unter Strafe stellen will.

Der Bundesverband der Deutschen Süßwarenindustrie (BDSI) sieht das naturgemäß etwas anders. Er erklärt: »Bei der Herstellung von Speiseeis wird die flüssige Eismasse während des Gefrierprozesses mit Luft aufgeschlagen. Hierdurch wird verhindert, dass sich beim Gefrieren große Eiskristalle bilden. Würde man dagegen die Eismasse nur einfrieren, dann bekäme man einen harten Eisblock, in der Konsistenz vergleichbar mit einem Eiswürfel. Erst durch den Lufteinschlag entsteht die für Speiseeis typische cremig-leichte Konsistenz, durch die das Eis so angenehm auf der Zunge zergeht. Die Hersteller von Markeneis stellen für die verschiedenen Geschmacksvorlieben der Verbraucher Speiseeis in unterschiedlichen Cremigkeiten her.« – Aha.

Ich schau mittlerweile immer ganz genau auf die Packung und vergleiche das Volumen in Liter mit dem tatsächlichen Gewicht. Das schützt mich vor den ärgsten Luftnummern in der Tiefkühltheke.

SHRINKFLATION – VERPACKUNGEN WERDEN KLEINER, PREIS BLEIBT GLEICH

2022 war ein hartes Jahr. Die Energiepreise explodierten, Lieferwege brachen zusammen. Die Nachwirkungen von zwei Jahren Pandemie und der Ukraine-Krieg sorgten für den Beginn einer Wirtschaftskrise, die vor keinem Lebensbereich Halt gemacht hat. Wir haben die hohen Energiepreise gespürt bei den Strom- oder Gasrechnungen genauso wie bei den Betriebskostenabrechnungen. Auch in den Supermärkten und Discountern sind die Preise gestiegen. Einige Produkte gab es über einen langen Zeitraum sogar gar nicht zu kaufen, andere hingegen wurden teilweise um bis zu 30 Prozent teurer. Wer schon vor der Krise auf jeden Euro achten musste, hatte es in diesen Monaten noch schwerer.

Für Unternehmen, die Lebensmittel herstellen, war es sicherlich auf der einen Seite ein schweres Unterfangen, bei gestiegenen Rohstoff- und Energiepreisen das Preislevel einigermaßen halten zu können. Aber der Wettbewerb verlangte hier kreative Ideen. Bei den vielen Konzernen, die um Marktanteile kämpfen, zählt am Ende des Tages: Wie viele Kunden kann ich trotzdem von meinem Produkt überzeugen?

Preiserhöhungen schienen unvermeidbar. Aber wie verkauft man diese an uns? Oder besser gesagt: Wie verschleiert man sie am besten? Die Konzerne wie auch die Lebensmittelketten haben sich hier eines Mittels bedient, das gern mal für unauffällige Preiserhöhungen genutzt wurde: das Schrumpfen von Verpackungen. »Shrinkflation« nennt man dieses Phänomen. Ein zusammengesetzter Kunstbegriff aus dem englischen Wort für Schrumpfen – shrink – und Inflation. Auf gut Deutsch: Packe weniger Lebensmittel in die gleiche Verpackung und behalte einfach den Preis bei – schon hast du eine satte Preiserhöhung im Markt durchgesetzt, ohne dass dein Kunde davon etwas merkt.

Auch wenn dieses Phänomen bekannt ist, hat die Wucht, mit der viele Unternehmen auf dieses Konzept in der vergangenen Zeit setzten, sogar mich überrascht.

Und waren bisher meist Markenartikel von diesen versteckten Preiserhöhungen betroffen, so haben diesmal auch die Supermärkte und Discounter mit ihren No-Name- bzw. Eigenmarken ins selbe Horn geblasen. Die Verbraucherzentralen haben 2022 den Markt genau beobachtet und konnten bei vielen Produkten feststellen, dass die Preise hier durch Anpassungen der Produktgrößen verändert worden sind. Wobei eines nicht ganz stimmt: Oft wurden die Produktgrößen nicht verändert – optisch blieben die Verpackungen gleich groß –, aber der Inhalt wurde reduziert. Diese Mogelpackungen sind seit Jahren den Verbraucherschützern ein Dorn im Auge. Das Portal FOODWATCH kürt dazu regelmäßig die »Mogelpackung des Jahres«.

Ein großer Süßwarenhersteller verkleinerte seine goldglänzende Tüte von 200 auf 175 Gramm. Der empfohlene Preis von 0,99 Cent pro Packung blieb aber gleich. Macht eine Preiserhöhung von 12,5 Prozent. Schrumpfende Packungsinhalte waren bei allen Waren zu beobachten. Egal ob Chips, Pizza, Marmelade oder Margarine: Immer mehr wurde auf »Shrinkflation« gesetzt. Besonders ungeniert ging der Margarine-Hersteller zu Werk: 400 statt 500 Gramm landeten nun bei gleicher Preisempfehlung im Becher. Macht summa summarum 25 Prozent mehr auf der Habenseite des Produzenten.

Die Motive der Unternehmen einmal dahingestellt, ist dieses Verhalten für mich auf jeden Fall eine Abzocke. Hier wird bewusst getäuscht. Und diese Art der versteckten Preiserhöhung muss untersucht und unterbunden werden. Nun gibt es im deutschen Recht auch in Bezug auf Verpackungsgrößen ganz klare Aussagen. Vereinfacht gesagt, darf eine Verpackungen nicht einen anderen Inhalt vortäuschen. Dies steht im Mess- und Eichgesetz:

Gesetz über das Inverkehrbringen und die Bereitstellung von Messgeräten auf dem Markt, ihre Verwendung und Eichung sowie über Fertigpackungen (Mess- und Eichgesetz – MessEG)

§ 43 – Anforderungen an Fertigpackungen

(1) Fertigpackungen dürfen nur hergestellt, in den Geltungsbereich des Gesetzes verbracht, in den Verkehr gebracht oder sonst auf dem Markt bereitgestellt werden, wenn die Nennfüllmenge angegeben ist, die Füllmenge die festgelegten Anforderungen erfüllt und die Fertigpackung mit den erforderlichen Angaben, Aufschriften und Zeichen versehen ist.

(2) Es ist verboten, Fertigpackungen herzustellen, herstellen zu lassen, in den Geltungsbereich dieses Gesetzes zu verbringen, in Verkehr zu bringen oder sonst auf dem Markt bereitzustellen, wenn sie ihrer Gestaltung und Befüllung nach eine größere Füllmenge vortäuschen als in ihnen enthalten ist.

Bei vielen Produkten ist manchmal mehr Luft drin. Das lässt sich natürlich bei einigen Produkten nicht vermeiden, etwa bei Chips, Fertigsalaten, To-Go-Salaten oder auch bei abgepacktem Frischfleisch. Aber die Hersteller haben sich viele Tricks einfallen lassen, um den optischen Eindruck zu erwecken, dass manchmal mehr drin ist.

Einige Hersteller gehen noch dreister vor. Deren Produkte landen mit der sogenannten »doppelten Preiserhöhung« auf der Liste der Mogelpackungen. Bei diesen Produkten haben die Produzenten nämlich gleich zweifach zugeschlagen. Sie haben zuerst die Füllmenge in den Verpackungen reduziert, und dann trotzdem noch den Verkaufspreis angehoben. Dabei zeigt der Trend leider ganz klar nach oben. Machten diese besonders schwarzen Schafe in den letzten zwei Jahren etwa 18 Prozent der beanstandeten Artikel aus, schnellte die Zahl allein in den ersten sechs Monaten des Jahres 2022 schon auf 35 Prozent in die Höhe. Und das sogar noch vor dem kurz darauffolgenden Inflationsschock.

Das Gute: Preise lassen sich in Deutschland recht gut vergleichen. Noch besser, seitdem im letzten Jahr die neue Preisangabenverordnung

(PAngV) in Kraft getreten ist. Damit soll es uns Verbraucher*innen ermöglicht werden, die Endpreise leicht zu erkennen: Der Grundpreis muss unmissverständlich, klar erkennbar und gut lesbar neben dem Gesamtpreis der jeweiligen Ware in ausreichend großer und zu lesender Schriftgröße angegeben werden, heißt es.

Und wenn es bisher noch etwas Verwirrung an den kleinen Schildern im Regal gab, ist damit nun Schluss. Inzwischen sind Händler verpflichtet, »1 Kilogramm« bzw. »1 Liter« als verbindliche Mengeneinheit für die Angabe des Grundpreises zu verwenden. Produkte, die üblicherweise in Mengen von bis zu 250 Gramm oder 250 Millilitern verkauft werden, sind davon nicht mehr ausgenommen. Vergleichen Sie daher die Preise für die Grundmengen im Supermarktregal und bei allen anderen Händlern. Diese müssen angegeben sein.

SCHLUSSVERKAUF – SALE – BLACK FRIDAY & CO.

Ich erinnere mich noch an die Zeiten, in denen plötzlich die Schaufenster der großen Warenhäuser und Geschäfte am Wochenende verhängt wurden. Das passierte regelmäßig zweimal im Jahr und hatte nichts damit zu tun, dass Renovierungsarbeiten anstanden. Vielmehr waren es immer die Vorboten für die 24 heißesten Schnäppchen-Tage Deutschlands. Der Sommer- und Winterschlussverkauf. Auch kurz SSV und WSV genannt.

Alles war fein säuberlich geregelt. Dem Handel war nur zweimal im Jahr gestattet, die Kundschaft mit extrem hohen Rabatten zu locken. Und zwar immer »beginnend am letzten Montag im Januar und am letzten Montag im Juli«. So schrieb es das Gesetz gegen den unlauteren Wettbewerb (UWG) vor.

Das waren die großartigsten Wochen für Schnäppchenjäger. Die Kundschaft harrte teilweise schon ab Sonntag vor den Läden aus, die Tumulte bei der Ladenöffnung waren regelmäßig Aufmacher in der Tagesschau. Viele Anekdoten und Erzählungen gibt es darüber. Bei C&A etwa sollen in den Siebzigern Warentische mit einigen Hundert Herren Hemden zum Preis von damals noch fünf D-Mark in nicht einmal einer halben Minute verkauft worden sein.

Mit dem Fall des Rabattgesetzes im Juli 2001 wurden SSV und WSV zu Grabe getragen. Seitdem darf jeder Händler selbst bestimmen und kalkulieren, wann, was und wie viel im SALE ist. Das hat zur Folge, dass die Geschäfte mittlerweile das ganze Jahr über mit Schnäppchen-Angeboten um unsere Aufmerksamkeit und unser Geld buhlen.

Auch wenn inzwischen gefühlt das ganze Jahr eine einzige Rabattschlacht tobt, gibt es heutzutage noch Events, auf die sich der komplette Handel und auch viele Verbraucher stürzen. Die Aufmerksamkeit richtet sich auf 3 plus 1 magische Daten: Da wären also zunächst der sogenannte Black Friday, Cyber Monday und Singles Day. Das weltweit größte Internet-Kaufhaus hat sich mit seinen Prime Days selbst noch ein eigenes Shopping-Festival erschaffen. Aber nutzen diese ganzen SALES überhaupt jemand anderem als den Händlern selbst? Sind die Preisnachlässe wirklich so hoch und daher attraktiv? Skepsis scheint angebracht zu sein. Aber der Reihe nach.

Der Black Friday hat seinen Ursprung in den USA und findet immer am Freitag nach Thanksgiving, dem wichtigsten amerikanischen Familienwochenende, statt. Traditionell war dies immer der Startschuss für den Run in die Geschäfte, um Weihnachtsgeschenke einzukaufen. In Deutschland setzte der Black Friday 2013 zum Siegeszug an und schon fünf Jahre später gaben in einer Umfrage 94 Prozent der Befragten zu Protokoll, den Shopping-Tag zu kennen. Die Umsatzerwartungen des Handels an den Black Friday sind riesig. So rechnete der Handelsverband Deutschland (HDE) 2021 mit einem Ansturm der Konsumenten und prognostizierte einen rasanten Anstieg des Online-Umsatzes von 3,8 Milliarden Euro im Vorjahr auf 4,9 Milliarden Euro.

Doch daraus wurde nichts. Vielleicht weil wir Konsumenten mittlerweile den ganzen November über auf Schnäppchenjagd gehen. Der Erfolg des Black Fridays animierte zu weiteren Shopping-Tagen. Am Montag nach dem Freitag riefen Online-Shops den Cyber Monday aus und hoffen, mit Rabatten Käufer anzulocken. Er ist auch hierzulande in den letzten Jahren immer beliebter geworden. Und weil China nicht immer hinter den USA liegen wollte, wurde dort kurzerhand der Singles Day ins Leben gerufen. Am 11. November, dem Tag, an dem bei uns der Karnevalsauftakt gefeiert wird, dreht der asiatische Markt durch. Der Singles Day, der auch in Deutschland an Bedeutung gewinnt, hat Black Friday und Cyber Monday schon überholt. So machte das größte asiatische Internet-Kaufhaus 2017 am Singles Day 17,8 Milliarden US-Dollar Umsatz – das war mehr als am Black Friday und Cyber Monday zusammengenommen.

Doch was kann der Grund sein, dass wir Verbraucher*innen uns den Angeboten gegenüber vermehrt sperrig zeigen? Es ist sicher die Erfahrung, dass nicht jeder Rabatt so golden ist, wie er glänzt. Egal wer die Preise und Rabatte rund um die Aktionstage unter die Lupe genommen hat, kam annähernd zum gleichen Ergebnis: Es kann gespart werden, aber längst nicht so hoch wie erwartet.

Wie so oft gehen auch hier die Rabatte meist nicht vom durchschnittlichen echten Preis aus, sondern werden einmal mehr auf Grundlage der UVP oder – schlimmer noch – von Mondpreisen berechnet. Und dann werden aus den proklamierten 50 bis 70 Prozent Preisnachlass eben nur noch reale Ersparnisse von 10 bis 25 Prozent. Das ist zwar nicht schlecht, aber auch nicht so krass, dass man dafür den Wecker stellen muss.

Bleibt zu hoffen, dass die neue, seit Mai letzten Jahres gültige Preisangabenverordnung der gängigen Praxis den Garaus macht. Onlineshops müssen jetzt nämlich immer den niedrigsten Preis der letzten 30 Tage anzeigen. Das hilft uns, Preissprünge besser zu erkennen. So soll verhindert werden, dass Preise einfach heraufgesetzt werden, um sie dann im Sale wieder zu senken.

BEKLEIDUNGS-OUTLETS – SCHNÄPPCHEN ODER TRICKMASCHEN?

Ein Outlet – das ist doch wirklich der perfekte Ort für Schnäppchenjäger. Teure Markenware zu vermeintlich günstigen Preisen, so werden jährlich über 40 Millionen Kunden in Deutschlands Outlet-Center gelockt.

Wie so oft kommt die Idee aus den USA. 1971 wurde in Pennsylvania das erste Factory-Outlet-Center eröffnet und trat von dort aus den Siegeszug um die Welt an. Schon ein Jahr später sprangen clevere Manager im beschaulichen Metzingen auf die Idee auf. Dort an der Schwäbischen Alb eröffnete der Herrenausstatter Hugo Boss in seiner Fabrik einen Werksverkauf. Was am Anfang dazu diente, Überproduktionen oder Rückläufer günstig zu verkaufen, ist inzwischen ein eigener Wirtschaftszweig.

Die Outletcity Metzingen etwa ist heute mit 500 Premium- und Luxusmarken das größte Factory-Outlet Europas – und ein riesiger Touristen-Magnet. Mehr als 4 Millionen Besucher aus über 185 Ländern kaufen jährlich vor den Toren Stuttgarts ein. Deutlich mehr Leute als Städte wie Köln oder Stuttgart pro Jahr an Touristen beherbergen.

Outlet-Center mit 50 Stores oder mehr wurden inzwischen vielerorts zu regelrechten Outlet Dörfern. Erst am Reißbrett geplant, werden sie meist in Vororten auf der grünen Wiese möglichst in Autobahnnähe errichtet. In vielen kleinen Häusern finden sich die verschiedenen bekannten Markenartikler-Shops wieder. Und wir scheinen sie wirklich zu lieben, denn Deutschland verzeichnet europaweit das stärkste Umsatzwachstum in diesem Bereich.

Gar nicht weit von mir daheim im Brandenburgischen findet sich auch eines dieser Center. Und wer wie ich in den letzten Jahren einmal in so einem Outlet war, dem ist eines vielleicht schon mal aufgefallen: Von allen Produkten gibt es alles im Überfluss – alle Farben, alle Größen in ausreichender Menge. Und das 70 Prozent günstiger als normalerweise. Da kann doch gar nicht alles mit rechten Dingen zugehen.

Wenn wirklich alle Farben und alle Größen in ausreichender Menge vorhanden sind und es gleichzeitig wirklich so sein sollte, dass hier nur Überproduktionen und Rückläufer verkauft werden, so müssten einige Manager in den Führungsriegen dieser Hersteller wahrscheinlich sofort gefeuert werden. Wer so schlecht kalkuliert, der kann seinen Job nicht.

Die Wahrheit sieht natürlich anders aus. Tatsächlich ist es so, dass in den meisten der Shops weder Überproduktionen noch Rückläufer verkauft werden. Stattdessen werden eigens fürs Outlet hergestellte Produkte angeboten. Outlets sind nämlich ein zusätzlicher, sehr lukrativer Vertriebsweg für die Hersteller von Bekleidung. Das allein erklärt aber natürlich noch nicht, wie diese angeblich so großen Rabatte zustande kommen.

Dafür müssen wir wieder einmal einen Blick auf die sogenannte unverbindliche Preisempfehlung werfen. Die UVP (siehe hierzu auch die Ausführungen ab S. 37) ist eine reine Empfehlung des Herstellers an den Handel. Der Preis muss nicht einmal tatsächlich berechnet worden sein. Wenn aber nun Hersteller und Händler – wie im Outlet-Center – auch noch ein und dieselbe Person sind, kann sich jeder selbst denken, wie realistisch dies ist. Die reißerischen Rabatte können Sie also getrost vergessen.

Aber wie sieht es nun mit den Produkten selbst aus? Besonders in den boomenden Outlet-Dörfern finden sich zuhauf Produkte, die zwar von den Markenherstellern kommen, aber meist mit den Markenprodukten sehr wenig zu tun haben.

Um diese zu Kampfpreisen verkaufen zu können, wird irgendwo gespart. Leider an der Qualität. In den vergangenen Jahren haben sich immer wieder Journalisten-Kollegen daran gemacht, Outlet-Produkte einem genaueren Test zu unterziehen. Und siehe da, oft stellte man fest, dass diese von schlechterer Qualität sind als die eigentlichen Markenprodukte. Häufig gibt es die im Outlet verkauften Produkte nicht einmal in den Originalgeschäften der Markenhersteller. Dort gibt es andere Farben, andere Schnitte, andere Muster. Genau das bestätigt nochmals den Verdacht, dass hier Produkte verkauft werden, die speziell für diesen Vertriebsweg hergestellt werden.

Dadurch wird auch die gesamte Preisgestaltung irrelevant. Vergessen Sie also getrost die roten Rabatt-Aufkleber mit den exorbitant hohen Zahlen von 60 Prozent, 70 Prozent oder noch mehr Prozenten. Das alles hat mit der Realität wenig zu tun. Und wenn Sie trotzdem durch ein Outlet schlendern, schauen Sie sich das Produkt der Begierde einmal ganz genau an. Würden Sie es auch kaufen, wenn der Markenname nicht draufkleben würde?

VERGLEICHSPORTALE IM INTERNET

Wenn Sie regelmäßig im Internet unterwegs sind und Produkte oder Dienstleistungen vergleichen wollen, landen Sie unweigerlich auf den bekannten Vergleichsportalen. Diese gibt es seit vielen Jahren. Sie haben in unseren Köpfen die Idee hinterlassen, dass wir uns Zeit sparen, weil wir so alle Produkte und Dienstleistungen einfach miteinander vergleichen können.

Man muss also nicht mehr Tausende Seiten durchsuchen, unterschiedliche Unternehmen anschreiben oder stundenlang Preise und Leistungen gegenüberstellen. Stattdessen findet man alle Informationen kompakt auf einer Seite und kann mithilfe des jeweiligen Portals eine Vorauswahl treffen. Oder noch besser: Das Portal trifft die Vorauswahl schon für uns. Grundsätzlich sicher eine sinnvolle Idee und daher verwundert es auch nicht, dass mittlerweile jeder Zweite ein solches Vergleichsportal zu Rate zieht. Beim Abschluss einer nötigen Versicherung, vor dem Kauf eines neuen Handys, für einen Kredit, beim Wechsel eines Strom- oder Gasanbieters oder auch bei der Buchung eines Hotelzimmers.

Die wichtige und berechtigte Frage, die sich hier aufdrängt, ist: Sind diese Vergleichsportale wirklich seriös? Immerhin nutzen wir diese Informationen, um eine Kaufentscheidung zu treffen. Und manchmal handelt es sich durchaus um hochpreisige Produkte oder Dienstleistungen. Wenn uns das Vergleichsportal keine gute Basis für eine sinnvolle Entscheidung bietet, kann das Ergebnis unter dem Strich somit für uns durchaus bitter sein.

Ich habe auf die Frage nach der Seriosität der Portale eine Antwort für Sie, auch wenn es leider keine positive ist: Auch hier werden wir regelmäßig über den Tisch gezogen. Woran liegt das? Zunächst ist es wichtig zu wissen, dass Sie in diesen Vergleichsportalen nicht alle Kunden, Dienstleistungen, Produkte oder Tarife aufgelistet finden, die angeboten werden. Das ist ganz normal. In jedem dieser Portale finden Sie lediglich eine bestimmte Auswahl aller möglichen Anbieter. Das liegt primär daran, dass auch diese Portale Geld verdienen möchten und für die Vermittlung von Produkten und Dienstleistungen eine Provision erhalten. Somit nehmen sie in erster Linie jene Unternehmen auf, die entsprechende Provisionen zahlen. Problematisch wird es dann, wenn das Vergleichsportal vor allem an der hohen Provision interessiert ist und eher unwichtige Kriterien im Vergleich zu hoch bewertet.

Nehmen wir das konkrete Beispiel Stromversorger. Wer heute im Internet nach einem neuen Stromvertrag sucht, landet in der Regel auf einem Vergleichsportal. Wenn Sie im Portal Ihre Daten eingeben, erhalten Sie eine große Auswahl verschiedener Energieversorger. So weit, so gut. Was aber immer fehlt, sind die Grundversorgungstarife aus Ihrer Region. Diese finden sich in den Vergleichsportalen nicht, weil es für die Bereitstellung dieser Information keine Provision gibt. Es kann jedoch durchaus sein, dass genau dieser Grundversorgungstarif das günstigste Angebot in Ihrer Region ist. Somit hat sich der Internet-Vergleich für Sie nicht gelohnt.

Ähnlich sieht es mit den sogenannten Boni, also Gutschriften beim Vertragswechsel aus. Wenn Sie die nicht herausrechnen, können Sie nur sehr schwer den tatsächlichen Preis für die Jahresrechnung vergleichen. Und die wird im zweiten Vertragsjahr ganz sicher fällig.

Ein weiterer Grund, warum die Vergleiche nicht neutral sind, ist, dass Unternehmen sich im Ranking einfach einen entsprechenden Platz kaufen können. Sie können sich also sicher sein: Nicht immer ist das Unternehmen, die Dienstleistung oder das Produkt auf dem ersten Platz wirklich Ihre beste oder günstigste Option. Möglicherweise sehen Sie hier nur jenes Unternehmen, das für diese werbliche Platzierung das meiste Geld in die Hand genommen hat.

Die gute Nachricht für uns Verbraucher*innen: Seit Mai 2022 sind Vergleichsportale dazu verpflichtet, zu erklären, wie das Ranking auf ihrer Seite zustande gekommen ist. So müssen jetzt die Anbieter aufgelistet werden, die bei der Erstellung des Vergleichs mit einbezogen wurden. Findet sich auf dem von Ihnen gewählten Vergleichsportal keine Anbieterliste, ist dies kein gutes Zeichen. Auch die entscheidenden Parameter und ihre Gewichtung, die Grundlage des dargestellten Rankings sind, müssen nun offengelegt werden. Sollte sich etwa die Höhe der Provision auf das Ranking auswirken, ist das Portal dazu verpflichtet, dies Ihnen gegenüber auch verständlich darzustellen.

Stellt sich die Frage, ob diese gesetzlichen Vorgaben auch wirklich immer eingehalten werden. Und ob es von den Anwendern – also von Ihnen – gelesen wird.

Ich selbst habe mir angewöhnt, mit Vergleichsportalen etwas kritischer umzugehen. Wenn ich dort vergleiche, dann tue ich das ohne Zeitdruck und gucke mir die Ergebnisse verschiedener Portale an. Die Ergebnisse gleiche ich dann noch einmal mit den Angeboten auf den eigenen Seiten der Anbieter ab. Dieser Vergleich im Vergleich hat sich schon gelohnt. Manchmal sind die Tarife bei den Anbietern selbst sogar noch einen Tick günstiger zu haben. Hotels bieten zum Beispiel oft die Garantie, auf ihren eigenen Seiten den günstigsten Preis anzubieten.

ABZOCKE MIT KUNDENREZENSIONEN

Wem vertrauen Sie, wenn es um Kaufentscheidungen geht? Lange Zeit war das vielleicht so, dass hauptsächlich Werbung einen Kaufimpuls ausgelöst hat. Oder Promis oder Influencer, die sich nicht ohne Eigennutz für eine Marke stark machen. Das hat sich verändert. Mit dem boomenden Online-Handel steigt die Wichtigkeit von Kundenbewertungen stark an. Nur 5 Prozent der deutschen Verbraucher sagen, dass sie vor dem Einkauf gar keine Bewertungen von Nutzern lesen.

Echte Menschen und deren Einschätzungen sind mittlerweile die Taktgeber für Kaufentscheidungen. Traut man einer aktuellen Studie, sind Rezensionen sogar die vertrauensvollste Quelle vor einer zu treffenden Kaufentscheidung. Wir schenken den Online-Bewertungen sogar mehr Vertrauen als Empfehlungen von Freunden und Bekannten oder der Einschätzung von Experten.

Kaum ein Portal kommt heute noch ohne Kundenrezensionen aus. Die berühmten 5-Sterne-Bewertungen helfen, Entscheidungen zu treffen: welches Produkt wir kaufen, welches Hotel wir buchen oder welchen Handwerker wir beauftragen. Wenn andere echte Menschen ein Produkt oder eine Dienstleistung toll fanden – na, dann kann das ja nur gut sein. Soweit so gut. Aber stecken denn wirklich echte Menschen hinter diesen Bewertungen?

Wenn Sie eine Suchmaschine befragen, fliegen Ihnen zahlreiche Anzeigen um die Ohren: »Seriöse Bewertungen made in Germany und von echten deutschen Nutzern.«, »Hohe Qualität und Rechtschreibfehler.«, »Freie Bewertungen kaufen und die Reputation steigern.«, »Für mehr Kunden-Garantie. Professionelle Beratung. Positive Bewertungen. Professioneller Inhalt.« So wird recht ungeniert geworben. Unternehmen können hier bequem Kundenrezensionen kaufen, die dann wie am Fließband getextet und online gestellt werden.

Und weil Untersuchungen zeigen, dass gutes Kundenfeedback zu 44 Prozent mehr Umsatz führen kann, bedienen sich leider mehr und mehr Unternehmen diesen Anbietern, die zumeist Fake-Bewertungen liefern.

Auch wenn sie nicht völlig aus der Luft gegriffen sind, sollten Sie sich auf diese Bewertungen nicht verlassen. Mitarbeiter der Stiftung Warentest haben undercover für sieben verschiedene dieser Agenturen geschrieben. Das Ergebnis war mehr als ernüchternd. Die Agenturen machen den angeheuerten Rezensenten Druck, um positive Bewertungen für ihre zahlende Kundschaft zu erhalten, oder motivieren sogar dazu, Produkte gutzuheißen, die der Tester nie zu Gesicht bekommen hat. Viele Unternehmer investieren gerne in diese dubiosen Agenturen. 5-Sterne-Ratings kann man sogar im monatlichen Spar-Abo beziehen. Aber ist das überhaupt alles rechtens?

Fragt man Fachanwälte, ist das Werben mit und die Nutzung von falschen Bewertungen seit Langem verboten gewesen. Weil der Gesetzgeber erkannt hat, dass hier aufgrund der hohen Wirksamkeit ein hoher Missbrauch herrscht, haben es die falschen Bewertungen nun auch explizit ins Gesetz geschafft. Seit Mai 2022 gibt es das »Gesetz zur Stärkung des Verbraucherschutzes im Wettbewerbs- und Gewerberecht«. Um uns Verbraucher*innen vor irreführenden Fakes zu schützen, wurden zusätzliche Prüf- und Informationspflichten geregelt.

Im August 2022 hat der Bundesgerichtshof entschieden, dass sich Unternehmen, die von schlechten oder falschen Bewertungen im Netz betroffen sind, leichter wehren können, als von Gerichten in unteren Instanzen bisher geurteilt wurde. Wird zum Beispiel ein Hotel oder ein Restaurant miserabel bewertet und weiß gar nicht, ob die Bewertung von einem echten Kunden stammt, muss meist nicht mehr getan werden, als den Kundenkontakt zu bestreiten. Nur wenn die Identität des Bewertenden ohne Weiteres ersichtlich ist, kann eine Bewertung vom Portal-Betreiber nicht ohne Weiteres gelöscht werden.

Einige Portale kontrollieren schon lange freiwillig ihre Bewertungen, bevor sie überhaupt veröffentlicht werden. Bei der weltweit größten

Vermittlung von Zimmern und Apartments (Airbnb), konnte seit jeher nur bewerten, wer auch wirklich eine Miete abgeschlossen hat. Ein großes deutsches Portal, bei dem Hotels bewertet werden, macht in hohem Umfang Stichproben, bei denen die Bewerter aufgefordert werden, Nachweise zu erbringen, dass sie auch wirklich in diesem Hotel geschlafen haben. Wird dann keine Hotelrechnung mit dem gleichen Namen vorgelegt, geht die Rezension gar nicht erst online.

Kaufen Sie im größten Online-Kaufhaus (Amazon) ein, ist sehr leicht selbst zu erkennen, welchen Bewertungen man trauen kann und welche man einfach gar nicht erst lesen sollte: Wenn eine Bewertung nicht als »verifizierter Kauf« gekennzeichnet ist, lass ich sie links liegen. Mich interessiert die Meinung von Leuten nicht, die das Produkt gar nicht gekauft haben, oder die es vielleicht als Blogger mit einigen kleinen Extra-Benefits geschenkt bekommen haben.

Auch sonst ist es gar nicht so schwer, echte von Fake-Bewertungen zu unterscheiden: Sie sind meist einfach, kurz und prägnant geschrieben. Hat der Rezensent gleich drei Bügeleisen mit 5 Sternen bewertet, dann ist mit hoher Wahrscheinlichkeit etwas faul. Haben Sie schon einmal drei Bügeleisen hintereinander gekauft? Sicher nicht. Echte Kunden bewerten meist ganz verschiedene Produkte. Und das vor allem auch über einen längeren Zeitraum hinweg. Denn im Gegensatz zu professionellen Fakern schreiben sie ihre Bewertungen ganz einfach in ihrer Freizeit, nebenbei.

ONLINESHOPS – WIE STEHT ES UM RÜCKGABERECHTE, GARANTIEN ETC.?

Kaufen Sie gerne im Internet ein? Wenn Sie jetzt begeistert mit »Ja!« antworten, sind Sie nicht allein. Immer mehr Deutsche nutzen Online-Shopping, es ist angesagt wie noch nie. Nicht nur, aber vor allem auch im Zuge der Corona-Pandemie sind die Umsätze der großen Online-Händler enorm gestiegen. Laut der Statista GmbH erhöhte sich der Umsatz im Online-Handel allein im Jahr 2021 um rund 19 Prozent auf 86,7 Milliarden Euro. Viele stationäre Geschäfte waren geschlossen und wer schnell etwas brauchte, griff zur Maus statt zur Einkaufstasche. Es wurde alles bestellt, vom Klopapier über Computer bis hin zu Kleidung. Die Hemmungen, sich Waren schicken zu lassen, ohne sie vorher anprobiert oder berührt zu haben, fielen wie Laub im Herbst. Die große Chance für die Online-Händler, noch höhere Umsätze zu generieren, war gekommen. Und sie nutzten sie.

Online einzukaufen, ist einfach. Es geht schnell und funktioniert von überall, auch zwischendurch und während der Arbeit. Man kann quasi per Knopfdruck auf dem Smartphone das neue Outfit bestellen oder den Wocheneinkauf vornehmen. Die Produkte werden nach Hause geliefert, als Kunde kann man sich entspannt zurücklehnen. Zudem ist es auf diese Art wesentlich einfacher, die Preise der einzelnen Anbieter zu vergleichen.

Aber ist online einkaufen wirklich besser? Gibt es da nicht auch Risiken und wenn ja, welche? Wo werden Sie als Kunde möglicherweise über den Tisch gezogen? Gibt es rechtliche Unterschiede zwischen dem Online-Shopping und dem Einkauf im stationären Handel?

RÜCKGABERECHT

Beginnen wir beim für Verbraucher*innen wichtigen Thema der Rückgabe. Wir sprechen hierbei von der Rückgabe von Produkten, die nicht defekt sind, sondern uns schlicht und einfach nicht gefallen. Sie haben das Recht, die Ware ohne Angabe von Gründen zurückzugeben und erhalten Ihr Geld wieder … leider nein!

Da habe ich gleich die erste schlechte Nachricht für Sie: Viele glauben, dass es in Deutschland (wie auch in Österreich und der Schweiz) ein Rückgaberecht gibt. Das ist allerdings leider eine Mär. Tatsächlich haben wir kein gesetzlich geregeltes Rückgaberecht. Doch woher kommt diese Idee überhaupt, wir hätten das Recht, bereits erworbene Waren wieder zurückzugeben?

Wahrscheinlich kennen Sie die Aushänge an den Kassen, auf denen steht: »Umtausch oder Rückgabe gegen Kassenbon innerhalb von 14 Tagen möglich.« Dabei handelt es sich jedoch keineswegs um eine gesetzliche Vorgabe oder gar um Ihr Recht als Kunde, sondern um reines Entgegenkommen und Kulanz des jeweiligen Händlers. Es gibt allerdings Produkte, die bei aller Kulanz nur in den wenigsten Fällen wieder zurückgenommen werden. Dazu gehören etwa personalisierte Artikel wie maßgeschneiderte Kleidungsstücke, Lebensmittel, Hygieneartikel und Kosmetikprodukte sowie Unterwäsche oder Bademode. Auch wenn wir es also gerne glauben wollen: Es gibt kein Umtausch- oder Rückgaberecht.

Daher sollten Sie sich vor dem Kauf im stationären Handel über eine mögliche Rückgabe informieren. Übrigens: Die wenigsten Händler zahlen Ihnen Ihr Geld zurück. Wenn sie kulanterweise einen Umtausch ermöglichen, gilt meist der Grundsatz: Ware gegen Ware oder gegen einen Gutschein.

Ganz anders verhält es sich im Gegensatz dazu beim Online-Handel: Zwar gibt es auch dort kein Rückgaberecht, jedoch ein 14-tägiges Widerrufsrecht. In Deutschland wird dies im BGB geregelt.

Bürgerliches Gesetzbuch (BGB)

§ 355 Widerrufsrecht bei Verbraucherverträgen

(2) Die Widerrufsfrist beträgt 14 Tage. Sie beginnt mit Vertragsschluss, soweit nichts anderes bestimmt ist.

(3) Im Falle des Widerrufs sind die empfangenen Leistungen unverzüglich zurückzugewähren. (…) Der Unternehmer trägt bei Widerruf die Gefahr der Rücksendung der Waren.

Das heißt: Sie als Kunde haben die Möglichkeit, online gekaufte Artikel auf jeden Fall innerhalb von 14 Tagen zurückzuschicken. Dabei müssen Sie nicht einmal Gründe angeben. Laut Absatz 1 des oben zitierten Paragraphen genügt zur Fristwahrung die rechtzeitige Absendung des Widerrufs. Außerdem gilt dieses Gesetz nicht nur für den Online-Handel, sondern für jeden anderen sogenannten Fernabsatzvertrag. Dazu gehören beispielsweise auch telefonische Bestellungen. In der Schweiz allerdings ist das Thema Retouren von Online-Bestellungen gesetzlich nicht geregelt. Hier ist man auf die freiwilligen Retourenangebote der Online-Shops angewiesen. Deshalb ist es für unsere Eidgenossen besonders wichtig, sich vor dem Abschluss eines Kaufvertrages über seine Rechte zu informieren. Viele Schweizer Online-Shops bieten natürlich die Möglichkeit, Produkte innerhalb einer bestimmten Frist zurückzusenden. Rechte und Pflichten sind dazu in den Allgemeinen Geschäftsbedingungen (AGB) oder Versand- und Lieferbedingungen zu finden.

GARANTIE ODER GEWÄHRLEISTUNG?

Die Begriffe »Garantie« und »Gewährleistung« werden oft stellvertretend füreinander verwendet, dabei unterscheiden sie sich aber erheblich voneinander. Das Gewährleistungsrecht besteht aufgrund gesetzlicher Vorschriften und ist unabänderbar. Bei einer Garantie hingegen handelt es sich um eine komplett freiwillige Leistung des Herstellers und dieser kann seine Bedingungen dafür entsprechend selbst bestimmen.

Die gute Nachricht: Die Gewährleistungsrechte im stationären Handel sind mit jenen im Online-Handel identisch. In Deutschland gilt für alle Artikel eine 24-monatige Gewährleistung. Das bedeutet, dass der Hersteller in diesen 24 Monaten für Schäden am Produkt haftet.

Wenn also Ihr neuer Fernseher oder Ihr neuer Föhn in diesem Zeitraum kaputt gehen, können Sie sich an den Verkäufer wenden. Dieser wiederum hat dafür zu sorgen, dass der Mangel beseitigt wird. Dafür muss der Artikel natürlich dem Verkäufer zur Verfügung gestellt werden. Die Umsetzung bei online gekauften Artikeln gestaltet sich aus Kundensicht somit schwieriger: Sie können den Artikel nicht einfach dem Händler vorbeibringen, sondern müssen ihn an den Verkäufer zurücksenden.

Die Regelung ist auch hier im deutschsprachigen Raum leider nicht einheitlich. Während es in der Schweiz und in Deutschland 24 Monate Gewährleistung gibt, sind es in Österreich nur 12 Monate.

Egal ob stationär oder online gekauft: Immer wieder berichten mir Verbraucher und Verbraucherinnen, dass ein Verkäufer die Behebung des Schadens beziehungsweise die Beseitigung des Mangels ablehnt. Und zwar mit dem Hinweis, dass er das Produkt ja nicht hergestellt habe. Ist Ihnen das auch schon einmal passiert? Dann bloß nicht abwimmeln lassen. Einige Händler versuchen nämlich genau das. Immerhin haben sie mit dem defekten Produkt Arbeit und machen dabei keinen neuen Umsatz. Der Händler ist hier jedoch in der Pflicht und muss sich um die Mängelbeseitigung kümmern. Dass die Händler dafür mit den Herstellern in Kontakt treten müssen, sollte und darf nicht unser Problem sein.

Beweislastumkehr

Es gibt in diesem Fall noch einen Vorteil für uns Verbraucher: Haben Sie schon einmal von der sogenannten Beweislastumkehr gehört? Klingt sperrig, ist aber aus Verbrauchersicht eine wunderbare Sache. Beweislastumkehr bedeutet nämlich nichts anderes, als dass die Beweislast auf den Verkäufer übertragen wird – gesetzlich geregelt 12 Monate lang.

Stellen Sie sich vor, Sie haben sich endlich diese großartige neue Waschmaschine gegönnt. Ganz billig war sie nicht, aber dafür verfügt sie über die neueste Technologie, funktioniert vielleicht sogar mit WLAN. Sie genießen es plötzlich richtig, Ihre Wäsche zu waschen.

Und dann passiert es: Nach fünf Monaten ist das gute Stück kaputt. Was machen Sie? Sie wenden sich an den Verkäufer, der natürlich gar nicht begeistert ist. Also versucht er erst mal, Sie wieder loszuwerden. Er weist auf eine falsche Bedienung des Geräts hin – und Sie ab. Genau hier kommt die Beweislastumkehr ins Spiel: Diese erst 2021 eingeführte Regelung schützt uns Verbraucher*innen. Der Gesetzgeber schreibt in ihr nämlich vor, dass der Verkäufer nachweisen muss, dass Sie als Verbraucher etwas falsch gemacht haben. Sie selbst müssen also in den ersten 12 Monaten nach dem Kauf rein gar nichts beweisen.

Garantieverlängerungen

Ich habe vor gar nicht langer Zeit einen neuen Fernseher gekauft. Ich liebe Heimkino und habe mich natürlich auch von den megascharfen Bildern im Fachmarkt beeindrucken lassen. So ein 4K-Fernseher ist schon was Feines. Also bin ich los, habe vorab überlegt, welchen Fernseher ich kaufen möchte, habe die Testberichte bei Stiftung Warentest studiert, eine Preisrecherche vorgenommen und hatte dann das Objekt der Begierde im Visier. Der Kauf an sich sollte schnell gehen. Rein in den Markt, Verkäufer schnappen und dann ab zur Kasse mit dem neuen Fernseher. Aber da hatte ich die Rechnung ohne den geschulten Mitarbeiter gemacht, der plötzlich während er die Rechnung fertig machte davon sprach, wie schnell so ein Gerät ja leider heute auch kaputt gehen kann und man als Kunde dann auf den Kosten sitzen bliebe.

Dass in diesem Fall für zwei Jahre erst einmal die Gewährleistung greift, hat er nicht einmal mit einer Silbe erwähnt. Für all diejenigen, die sich über diese zwei Jahre hinaus absichern wollen, wird von vielen Händlern eine Verlängerung der Gewährleistung auf bis zu fünf Jahre angeboten. Auch mein Verkäufer zauberte sie aus dem Hut. Die tolle Garantieverlängerung. Für einmalig 129 Euro könnte ich eine

Garantiezeit von 5 Jahren bekommen. Und das ist bei einem TV-Gerät, das 1200 Euro kostet, doch eine lohnenswerte Investition, oder etwa nicht!?

Sie ahnen es schon: Ich war auf dieses Gespräch vorbereitet und wusste schon, dass der Verkäufer nicht nur den Fernseher, sondern obendrauf noch weitere Produkte verkaufen wollte. Ich habe ihn also gefragt, wie denn die genauen Garantiebedingungen aussehen würden, in welchen Fällen diese Versicherung leistet und wann nicht. Und die für mich auch wichtige Frage: wie denn eigentlich die gesetzlichen Regelungen aussehen würden. Sie ahnen es wieder: Er hatte wenige gute Antworten parat.

Leider sind solche Zusatzangebote von den Bedingungen her wenig kundenfreundlich. In der Theorie können wir bei Schäden entweder ein Ersatzgerät fordern oder uns den Zeitwert auszahlen lassen. Man muss den rasanten Preisverfall, den viele Geräte heutzutage haben, im Blick behalten. Einiges, was beim Kauf 1000 Euro kostet, ist in zwei Jahren nicht einmal mehr die Hälfte wert.

Geht Ihr Gerät während der Garantieverlängerung wirklich zu Bruch, wird es oft sehr kompliziert. Meist greifen diese Verlängerungen sowieso nur bei Schäden, die aufgrund von Herstellungsfehlern passieren. Problem nur, dass wir als Kunden nach zwei Jahren beweisen müssen, dass es auch so ist. Das ist ohne Gutachten, für das im Durchschnitt mehr auf den Tisch zu legen ist, als die vermeintliche Verlängerung der Garantie kostet, schier unmöglich. Überhaupt stellt sich schnell die Frage, wer überhaupt im Schadensfall haftbar zu machen ist. Der Händler, der Ihnen die Verlängerung schmackhaft gemacht hat, jedenfalls nicht. Der eigentliche Versicherungsvertrag wird nämlich mit einem externen Versicherungsunternehmen geschlossen.

Die Wenigsten unter uns wissen, dass auch die gesetzlichen Gewährleistungsrechte recht umfangreich sind. Wer ein neues Produkt kauft, hat 24 Monate Gewährleistung. Der Verkäufer ist verantwortlich dafür, Mängel an einem Produkt zu beseitigen, die während der 24 Monate auftreten.

Natürlich gibt es auch hier ein paar Einschränkungen. Tritt ein Mangel am Produkt innerhalb der ersten 12 Monate nach Kauf ein, so müsste der Verkäufer auf jeden Fall nachbessern. Behauptet er, dass Sie Schuld am Schaden haben, so müsste er das beweisen. Innerhalb der ersten 12 Monate nach Kauf gilt also die bereits erwähnte Beweislastumkehr. Nicht wir als Käufer müssen beweisen, dass das Gerät fehlerhaft ist oder war, sondern der Verkäufer müsste beweisen, dass wir den Mangel verursacht haben.

Zwar hatten die deutschen Verbraucherschützer gefordert, die Beweislastumkehr auf die gesamte Gewährleistungszeit von zwei Jahren zu verlängern, aber daraus wurde bekanntlich nichts. Nach den ersten 12 Monaten wird es daher etwas komplizierter:

Wenn jetzt etwas kaputt geht, nimmt der Gesetzgeber uns in die Pflicht. Wir müssen beweisen, dass die Ware einen Mangel hat und vor allem, dass dieser Mangel schon von Anfang an bestand. Es wird ziemlich schwierig, die mögliche Behauptung von Verkäufern zu widerlegen, dass wir das gekaufte Gerät einfach falsch bedienen. Denn wenn der Schaden auf Bedienungsfehler oder auch normalen Verschleiß zurückzuführen ist, gibt es auch keinen Ersatz.

Mein Verkäufer hatte es im Übrigen mit einer cleveren Mischung aus Charme und Hartnäckigkeit geschafft, mir tatsächlich die Garantieverlängerung noch aufzuschwatzen. Als ich daheim alles noch einmal nachgerechnet habe, habe ich schnell von meinem Widerrufsrecht Gebrauch gemacht. Dafür haben wir in jedem Fall 14 Tage Zeit.

NULL-PROZENT-FINANZIERUNGSPLÄNE

Eine Freundin von mir verbrachte ihren Winterurlaub an der Sonne. Sie hatte lange keine Fernreise gemacht und freute sich auf spannende Wochen am anderen Ende der Welt. Sie flog ins rund 9500 Kilometer entfernte Brasilien. Von dort brachte sie eine schöne Bräune und Eindrücke mit, die die meisten von uns nur von Postkarten und aus Dokus kennen: Zuckerhut, Christusstatue, kilometerlange Strände von der Copacabana bis Barra da Tijuca und Saft aus der frischen Kokosnuss. Traumhaft. Aber als sie mir von ihrer Traumreise erzählte, war die bleibende Erinnerung etwas ganz anderes.

Egal ob Bikini, Küchenmixer oder Fernseher, ja sogar Havaianas, die kultigen brasilianischen Flip-Flops für rund 10 Euro, werden in dem größten südamerikanischen Land auf Pump gekauft. Besonders skurril auch, dass selbst Strafzettel der Polizei in Raten abzustottern sind.

Null Anzahlung, die erste Rate oft erst nach einem Monat und einige Monate ohne Zinsen. So kauft man in Brasilien ein. Im Supermarkt wird man an der Kasse ganz automatisch gefragt, in wie viel Monatsraten man Milch und Brötchen zahlen will. Alle brasilianischen Kreditkarten können die Beträge in Monatsraten abbuchen.

Wer da noch den Überblick behält, ist ein Rechenkünstler oder Finanzprofi. Tut aber auch kaum jemand mehr. Zwei Drittel der brasilianischen Bevölkerung gelten laut Medienberichten als verschuldet.

Dieser Trend scheint auch bei uns immer mehr Fuß zu fassen. Wurden vor einigen Jahren noch vorwiegend hochpreisige Waren auf Raten gekauft, geht auch in Deutschland der Trend hin zu finanzierten Angeboten von günstigen Verbrauchsgütern und sogar Gütern des täglichen Bedarfs. Zahlen belegen dies deutlich: Jedes Jahr werden mehr Konsumentenkredite aufgenommen. 2017 kam der Bankenfachverband in einer Analyse zum Ergebnis, dass etwa 61 Prozent der Käufe mit Finanzierung ohne die Aussicht auf Ratenzahlung gar nicht erst getätigt würden.

Gerade in Möbel-, Elektronik- oder Autohäusern begegnet uns oft die »Null-Prozent-Finanzierung«. Auf den ersten Blick ein tolles Angebot: Ich kann das neue Sofa oder den Kühlschrank quasi gleich mitnehmen, in Raten zahlen und muss dafür noch nicht einmal Zinsen löhnen.

Wenn die Kasse gerade etwas leer ist, könnte so eine Finanzierung ohne Extra-Kosten ja perfekt sein. Doch da niemand im Geschäftsleben etwas zu verschenken hat, ist es ratsam, wachsam zu bleiben. Weder der Händler, der Sie mit der Null-Prozent-Finanzierung ins Geschäft gelockt hat, noch die Bank, die hinter diesem Kredit steht, steckt ihnen einfach so Geld in die Tasche. Auch sie hat einen Aufwand, der irgendwie bezahlt werden muss. Also warum boomt das Prinzip mit der Null so und wo genau liegen die möglichen Fallen?

Die Händler nutzen die Möglichkeit zur Finanzierung vor allem zur Steigerung ihres Umsatzes. Selbst wenn sie an die beteiligten Kreditinstitute (denn jede dieser Finanzierungen ist ein Kreditgeschäft) ein paar Euro abgeben müssen, lohnt es sich unterm Strich. Stellen Sie sich im Gegenzug einmal die Millionen an Umsatzverlust vor, wenn 60 Prozent oder mehr dieser Käufe gar nicht stattfinden würden.

Selbst die Banken dahinter profitieren viel mehr, als wir auf den ersten Blick erkennen können. Sie bekommen ohne werblichen Aufwand neue Kunden mit vielen wertvollen Daten und haben eine Tür geöffnet, um uns später andere Finanzprodukte zu verkaufen.

Wir Verbraucher ziehen dabei dann den Kürzeren. Denn oft wird mit einer Finanzierung mehr gekauft, als man sich überhaupt leisten kann. Und wenn Sie in Rückstand kommen oder nicht ausreichend Geld auf dem Konto haben, wird die fällige Rate meist aus dem Dispo beim Girokonto bezahlt. Dann werden aus 0 Prozent in dem Monat schnell 9 Prozent Zinsen oder mehr. Der durchschnittliche Dispozins betrug in Deutschland 2021 rund 9,4 Prozent, wohlgemerkt bevor die EZB sehr deutlich die Zinsschraube nach oben gedreht hat.

Oft verstecken sich in den Verträgen überdies noch versteckte Kosten. Zum Beispiel eine Kontoführungsgebühr. Daher muss man, auch wenn es im Laden schnell gehen soll, auf das Kleingedruckte achten.

Wenn Sie sich manchmal gerühmt haben, beim Kauf ein paar Extraprozente Rabatt herausgeschlagen zu haben, weil sie Barzahler waren, fällt diese Preisreduzierung bei der Null-Prozent-Finanzierung ganz sicher weg. Fast immer zahlen Sie sogar beim Produkt etwas drauf. Die kostenlose Finanzierung ist nämlich oft nur möglich, weil der Verkaufspreis von Vornherein höher angesetzt wird.

Kreditausfallversicherungen, Ratenschutzversicherungen, Restschuldversicherungen – mit all diesen Zusatzpaketen wird versucht, Ihnen eine vermeintliche Sicherheit mitzuliefern. Der Abschluss dieser Versicherungen ist in einigen Finanzierungsvertrag bereits voreingestellt. Diese ganzen Pakete bringen Ihnen aber vor allem eines: weniger Geld im Portemonnaie. Wenn Sie standhaft bleiben und sich keine unsinnigen und viel zu preisintensiven Versicherungen aufschwatzen lassen, dann wird der ein oder andere Verkäufer noch tiefer in die Trickkiste greifen und sich bemüht fühlen, Ihnen eine teure Garantieverlängerung anzudrehen.

MÖBELHÄUSER UND MONDPREISE

»Bei uns gibt's die Mehrwertsteuer zurück. Und obendrauf noch 10 Prozent Rabatt. Und ein Topfset.« Sie kennen diese Radio-Werbespots sicher auch. Das scheint so ein Klassiker zu sein bei den Möbelhäusern: Eine Rabattaktion jagt die nächste. Die großen Möbelhäuser sind bei ihren Aktionen genauso erfinderisch wie die Werbung dafür, die uns auf Schritt und Tritt begegnet. Auf großflächigen Werbetafeln, in bunten Hochglanz Prospekten im Briefkasten, online oder im Handy, als TV-Spot oder im Radio.

Ausverkauf, Abverkauf, Rausverkauf. Bei den vielen »Rotstift-Preisen«, »X-mas-Mega-Sale« und »Frühlingsfesten« wird kein Superlativ ausgespart. Selbst ein Angebot als »Ereignis des Jahrhunderts« zu titulieren, kam den Strategen schon in den Sinn. So entsteht schnell der Eindruck, dass die Möbelhäuser ihre Produkte zum Schleuderpreis verkaufen. Was steckt eigentlich dahinter? Und ist dieses Werben mit Rabatten rechtlich okay?

Vielleicht haben Sie in diesem Zusammenhang schon einmal den Begriff »Mondpreise« gehört. Das ist eine beliebte Methode, uns Verbrauchern und Verbraucherinnen vorzugaukeln, dass beispielsweise eine Küche extrem im Preis reduziert wurde. Dazu gibt es mehrere Möglichkeiten. Zum einen kann der Hersteller eine UVP festlegen, die mit einem echten Marktpreis wenig zu tun hat. Diese meist reißerisch durchgestrichenen »Statt-Preise« sind überwiegend völlig aus der Luft gegriffen, weil sie im realen Verkäufer-Leben überhaupt noch nie verlangt worden sind.

Gerade in Möbelhäusern haben die Trickser mit uns leichtes Spiel. Es gibt zu viele unterschiedliche Modelle, Materialien, Farben und Formen. Haben Sie schon einmal versucht, Möbelstücke in Preis und Qualität wirklich zu vergleichen? Ich bin da ehrlich. Mir fehlt bei den Hunderten Varianten leider völlig das Preisgefühl und auch der Durchblick.

Obwohl das Gespenst der Mondpreiswerbung schon seit Jahrzehnten durch die Möbelhäuser spukt, ist diese Art der Trickserei nicht gänzlich illegal. Schon Ende 2016 hat die Zentrale zur Bekämpfung des unlauteren Wettbewerbs die Branche und ihre Werbung durchleuchtet. Über einen Zeitraum von drei Monaten haben die Experten die Werbeaussendungen der jeweils zehn größten Händler und zehn regional tätigen Möbelhäuser studiert. Eindeutiges Ergebnis: Die Werbetrommel wird von vielen Anbietern mit falschen Versprechungen gerührt – und das Ganze noch viel zu laut. In insgesamt 244 untersuchten Prospekten wurden sage und schreibe 266 mögliche Verstöße gegen Wettbewerbsvorschriften gefunden.

Ich habe mir bei Anschaffungen für Haus und Wohnung längst angewöhnt, die Produkte und Preise verschiedener Händler so gut es geht zu vergleichen. Doch auch das versuchen gewiefte Verkäufer schon für sich zu nutzen. Einige nutzen die Chancen der vergleichenden Werbung und behaupten vollmundig: »XY Prozent günstiger als bei der Konkurrenz.« Guckt man da näher hin, wird manchmal verglichen, was gar nicht zu vergleichen ist. Ein solcher Preisvergleich ist aber nur dann rechtens, wenn wirklich vergleichbare Produkte oder Leistungen miteinander verglichen werden. Eine vage Aussage ist dagegen nicht zulässig.

Wenn ich mit dem Verkäufer im Gespräch über ein Möbelstück bin, gebe ich mich so gut wie nie mit seinem ersten Preis und dem Angebot zufrieden. Ein etwas härterer Verhandlungsstil hat mir schon einige attraktive Rabatte eingebracht.

WIE ERNST KANN MAN LABEL UND SIEGEL NEHMEN?

Wir Deutschen, das steckt wohl in unserer DNA, stehen total auf Urkunden. Wir lieben Auszeichnungen und Siegel. Das Gefühl, jemand hat sich etwas angeguckt, getestet und geprüft und anschließend für gut befunden, wiegt uns in Sicherheit.

Ich persönlich bin ein großer Fan der Stiftung Warentest und vertraue dem Urteil dieser unabhängigen Prüfer sehr. Ich schaue mir regelmäßig an, welche Produkte mit »sehr gut« oder »gut« getestet wurden und verändere auch entsprechend mein Kaufverhalten. Bei dieser unabhängigen Stiftung können wir relativ sicher sein, dass wir uns auf das Urteil verlassen können. Mit dieser Meinung stehe ich nicht allein. Vor ein paar Jahren haben in einer Umfrage 82 Prozent der Verbraucher*innen erklärt, dass sie der Stiftung Warentest vertrauen.

Auch Öko-Test genießt bei vielen einen guten Ruf. Beide unterscheiden sich jedoch. Testet und bewertet die Stiftung Warentest Produkte überwiegend nach ihrer Funktionalität, schaut Öko-Test vor allem auf Umweltkriterien.

Das Bundesamt für Verbraucherschutz und Lebensmittelsicherheit, kurz BVL, warnt aber vor blindem Vertrauen und rät, die Testurteile genau unter die Lupe zu nehmen. Denn: Sobald ein Testsieger-Siegel auf einem Produkt prangt, klingelt beim Produzenten meist die Kasse.

Gütezeichen fördern den Verkauf – das haben auch längst die Unternehmen erkannt. In Deutschland gibt es mittlerweile rund 750 Testanbieter und mindestens ebenso viele Abzeichen. Das Geschäft mit den Siegeln ist eigentlich echt genial. Es gibt eine fast unendliche Zahl von Unternehmen, die sich mit Gütezeichen schmücken wollen. Dafür werden dann von den Anbietern mindestens vierstellige Beträge eingefordert. Aber auch von Gebühren in Höhe von bis zu 60 000 Euro wurde schon berichtet. Der interessante Trick dahinter: Die Siegel haben eine kurze Haltbarkeitsdauer. Nach einem Jahr geht es aufs Neue los. Neues Jahr, neues Geld, neue Auszeichnung.

Aber woher sollen wir als Verbraucher*innen eigentlich wissen, welche davon wirklich gut sind, welche eine Aussagekraft haben, welche seriös und welche sich als absoluter Schmu entpuppen?

Besonders online gibt es da ja einen regelrechten Wildwuchs. Hunderte von Abzeichen und Auszeichnungen sollen Vertrauen erwecken. Ein einheitliches Gütesiegel für alle Internethändler? Pustekuchen. Die »Initiative D21«, ein gemeinsames Projekt von Wirtschaft, Politik und Verbraucherschützern, hat Prüfkriterien aufgestellt, die helfen sollen, schwarze Schafe zu entlarven. Online können Sie auf das jeweilige Abzeichen klicken. Wenn es rechtmäßig verwendet wird, leitet der Link Sie weiter auf eine Internetseite, auf der Sie das Prüfzertifikat in Augenschein nehmen können.

Quasi gemäß dem Motto »Test the Tester« hat auch der ehemalige Chefredakteur und Geschäftsführer des Öko-Test Verlages den Verein Testwatch gegründet. Das Ziel: unseriöse Anbieter aufdecken und uns vor ihnen warnen.

Dass wir nämlich auch bekannten Absendern nicht unbedingt immer vertrauen können, zeigt der Fall von FOCUS. Seit 2012 zeichnete das Magazin aus dem Hause Burda mit einem Siegel die Top-Arbeitgeber aus und musste im letzten Jahr mit Anzeigen unter der Überschrift »Tut uns leid. Wir haben echt Mist gebaut.« massiv zurückrudern. Vielfach war das Ergebnis erkauft.

Ich habe mich für Sie einmal tiefer in den Dschungel der Labels und Siegel begeben. Werfen wir einen Blick darauf, welchen Sie vertrauen und welche Sie getrost ignorieren können.

BIO-SIEGEL FÜR LEBENSMITTEL

Wenn wir einige Jahrzehnte zurückschauen in die Jahre, in denen Bioprodukte langsam in Deutschland ihren Markt fanden, denken wir zuerst natürlich an die klassischen Reformhäuser und Naturkostläden.

Öko mutete lange Zeit eher schräg an, hat aber in den letzten Jahren seinen Weg in sämtliche Supermärkte und Discounter gefunden. Mittlerweile werden Bio-Produkte genauso massenhaft und teilweise industriell hergestellt wie ihre konventionellen Schwestern und Brüder. Es gibt eigentlich nichts, auf dem nicht »bio« stehen kann. Von Bio-Obst und -Gemüse, über Bio-Wurst, -Käse, -Schokolade bis hin zu Bio-Limonade und -Tiefkühlpizza. Der Markt ist Jahr für Jahr gewachsen und wir Deutschen kauften immer öfter Bio-Produkte ein. 2021 wurden fast 16 Milliarden Euro mit Bio-Lebensmitteln umgesetzt. Zehn Jahr zuvor waren es fast 10 Milliarden Euro weniger. Nur die gestiegenen Preise in Zusammenhang mit dem Krieg in der Ukraine und der Inflation gaben diesem Wachstum einen Dämpfer.

Bio-Lebensmittel sind an sich teurer, weil die Herstellung aufwendiger ist. Aber ist auch wirklich überall »bio« drin, wo »bio« draufsteht?

Bereits seit 1993 sind die Begriffe »bio« und »öko« geschützt. Wenn ein Hersteller seine Produkte mit diesen bewirbt, muss er die Vorgaben der EU-Öko-Verordnung beachten. Die legt nicht nur fest, dass die Zutaten zu 95 Prozent aus Öko-Betrieben stammen müssen, sondern gibt auch klare Vorgaben in Richtung Gentechnik, Verzicht auf chemisch-synthetische Pflanzenschutz- und Düngemittel und die artgerechte Tierhaltung vor. Damit ist der Mindeststandard erreicht. Lebensmittel, die diese Vorgaben erfüllen, erhalten das Bio-Logo. Das ist europaweit gleich und die Hersteller werden kontrolliert. Jahr für Jahr. Diese Mindestanforderungen erfüllen auch Bio-Produkte, die uns Discounter und Supermärkte unter ihren eigenen Labels anbieten. Einzige Bedingung: Das EU-Bio-Logo darf nicht fehlen. Sonst ist es mit großer Wahrscheinlichkeit Etikettenschwindel.

Noch wertvoller sind die Produkte der deutschen Bio-Anbauverbände, weil sie sich noch strengere Kriterien auferlegt haben als das EU-Recht vorschreibt. Bei Demeter, Naturland oder Bioland können Sie bedenkenlos zugreifen.

Eher unnütz oder sogar nicht empfehlenswert, wenn es um kontrolliert biologisch angebaute Zutaten und daraus hergestellte Lebensmittel geht, sind beliebige Labels wie »regional« oder »aus der Region«. Das QS-Prüfzeichen hält zum Beispiel der BUND für nicht empfehlenswert, weil kein Umweltnutzen erkennbar ist. Die beliebte Bezeichnung »aus kontrolliertem Anbau« kann bedeuten, dass Vorschriften oder Richtlinien von Verbänden eingehalten werden. Kann, muss aber nicht. Sie können es also getrost vergessen.

SIEGEL FÜR FISCH UND MEERESTIERE

Wenn Sie öfter Fisch essen, kennen Sie sicher das MSC-Siegel. Es soll für nachhaltige Fischerei stehen. Der »Marine Stewardship Council«, kurz MSC genannt, wurde 1997 von Unilever und dem WWF als eine Initiative für eine verantwortungsvolle Fischerei gegründet. Inzwischen ist der MSC eine unabhängige Non-Profit-Organisation, die zwar überwiegend akzeptiert ist, aber auch immer wieder in der Kritik steht.

Schon 2018 forderten verschiedene große Umweltschutzorganisationen gemeinsam MSC auf, die Zertifizierungsrichtlinien und zugrundeliegende Umweltstandards zu verbessern. Greenpeace etwa bemängelt heute noch unter anderem, dass auch Fischereien eine MSC-Zertifizierung erhalten bzw. behalten dürfen, die aus Greenpeace-Sicht zerstörerische Fangmethoden einsetzen.

SIEGEL FÜR BEKLEIDUNG

Aber nicht nur bei Lebensmitteln steht bio bzw. Nachhaltigkeit im Fokus. Die Verkaufszahlen steigen auch im Bereich Bekleidung. Verbraucher*innen wird es zunehmend wichtiger, ökologisch zu kaufen. Und obwohl der Marktanteil von Öko-Textilien gerade einmal 1 Prozent ausmacht, gibt es auch hier diverse Siegel und Label, die uns beim Kauf ein gutes Gefühl geben sollen. Ich habe einmal die wichtigsten – und vor allem verlässlichsten – zusammengetragen.

Zertifiziert werden die Betriebe entlang der Produktionskette von unabhängigen, staatlich geprüften Kontrollstellen. Das BEST-Label gilt jeweils für ein Jahr, danach wird neu geprüft. Bei den Routinekontrollen müssen alle Bedingungen des Siegels erfüllt sein, damit eine Verlängerung erfolgt. Im Verdachtsfall können jederzeit unangekündigte Kontrollen eines Betriebs von der jeweiligen Zertifizierungsstelle durchgeführt werden.

Von Experten besonders anerkannt sind die Siegel vom IVN. So nennt sich der internationale Verband der Naturtextilwirtschaft e. V., in dem sich über 100 Unternehmen zu einer ökologischen und sozialverantwortlichen Wirtschaftsweise innerhalb der gesamten Textilproduktion verpflichtet haben. Jährlich werden die Arbeitsbedingungen und Produktionsmittel, die Lagerung und der Warenfluss kontrolliert. Von Fasern und Geweben sowie vom Abwasser werden Proben genommen und analysiert. Auch an den fertigen Kleidungsstücken werden noch Rückstandskontrollen durchgeführt. Das IVN-BEST-Siegel wird von vielen führenden Umweltorganisationen immer wieder als vorbildlich empfohlen. Durch die strengen Kontrollen und Anforderungen bei der Vergabe können wir den beiden IVN-Siegeln beim Kauf von Naturtextilien und Naturleder Vertrauen schenken.

Ähnlich gelobt wird das GOTS-Siegel. Als die Stiftung Warentest 2019 Textilsiegel unter die Lupe nahm, belegte GOTS 2019 den ersten Platz.

Das Label »Standard 100 by Oeko-Tex« haben Sie bestimmt auch schon einmal auf Bettwäsche, Handtüchern oder Kleidung gesehen. Alle Produkte, die das Siegel tragen, wurden auf ihre Schadstoff-Rückstände geprüft. Um sich damit schmücken zu können, müssen sie frei von Schadstoffen sein, die verboten oder reglementiert sind. Greenpeace kritisiert am Oeko-Tex Siegel, dass die Herstellungsbedingungen nicht kontrolliert werden. Auch das Wort Öko im Namen kann uns in die Irre führen, denn schadstofffrei bedeutet noch lange nicht, dass die zertifizierten Textilien aus Naturfasern bestehen und ökologisch produziert wurden. Da sind die beiden erstgenannten Auszeichnungen deutlich weitreichender.

Zu guter Letzt hat auch das Bundesministerium für wirtschaftliche Zusammenarbeit und Entwicklung sein eigenes Siegel auf den Markt gebracht. Mit dem »Grünen Knopf« als erstes staatliches Siegel hat sich die Behörde vorgenommen, uns Verbrauchern fair und ökologisch produzierte Kleidung kenntlich zu machen. Experten kritisieren, dass es noch in den Kinderschuhen steckt.

Aber auch bei Kleidung gibt es schwarze Schafe. Unternehmen und Hersteller, die sich gern einen grünen Anstrich geben, aber in Wahrheit weit entfernt von »bio«, »öko« oder »Nachhaltigkeit« unterwegs sind. Leider müssen wir immer wieder anerkennen, dass wir diesen ganzen großen (oder auch kleinen) Konzernen nicht über den Weg trauen dürfen. Sie springen gern auf aktuelle gesellschaftliche Trends auf und betreiben »Greenwashing« in Reinkultur.

Wenn es den Umsatz fördert, dann wird eben gerne auf das T-Shirt ein Aufkleber »mit Bio-Baumwolle« geklebt. Auch wenn vielleicht nur 5 Prozent der Baumwolle aus ökologischem Anbau stammen. Das ist das größte Problem: die Übersicht zu behalten über alle Labels und Siegel, die es gibt. Und erkennen zu können, welche echt sind und eine vertrauenswürdige Aussage treffen. Wenn ich unsicher bin, guck ich gerne auf der Internetseite

»siegelklarheit.de« nach. Auf dieser Seite, die von der Bundesregierung initiiert ist, werden viele Gütesiegel unter die Lupe genommen.

»Greenwashing« hat viele Gesichter. Doch wenn Sie auf die beschriebenen Anzeichen achten, können Sie den Abzock-Tricks entgehen! Bei einfachen Aussagen wie »grün« oder »natürlich« sollten immer gleich die Alarmglocken schrillen.

SIEGEL FÜR KOSMETIK

Auch bei Kosmetikprodukten wird es vielen zunehmend wichtiger, dass diese weder uns noch die Umwelt schädigen. Naturkosmetik ist voll im Trend und längst nicht mehr nur in der höheren Preisklasse zu finden. Auch bei den Discountern finden sich Bio-Eigenmarken. Dazu kommt, dass gerade die großen Konzerne auch bei konventionell hergestellten Kosmetika mittlerweile auf einen natürlichen Anstrich achten. Auch sie haben erkannt, dass die Nachfrage nach sanfter Kosmetik und sanften Pflegeprodukten von Jahr zu Jahr steigt. Die Zahlen sprechen eine klare Sprache: Der Umsatz mit Naturkosmetik in Deutschland hat sich im vergangenen Jahrzehnt etwa verdoppelt. 2021 wurden rund 1,48 Milliarden Euro umgesetzt. Das sind immerhin schon 11 Prozent vom gesamten deutschen Kosmetikmarkt. Weltweit liegen wir damit übrigens gleich nach den USA auf Platz 2.

Aber leider wird auch gerade bei Kosmetik ziemlich viel geschummelt. Ich habe in den letzten Jahren beobachtet, wie immer mehr der großen Firmen Produkte auf den Markt bringen, die mit Begrifflichkeiten werben, die auf den ersten Blick unheimlich gut aussehen. Leider sind die Regale mittlerweile voll damit. Auf Lotions, Duschgel oder Haarshampoos finden sich plötzlich zuhauf Aussagen wie: »98 Prozent der Inhaltsstoffe sind natürlichen Ursprungs.« Dazu gibt es dann noch bunte Bilder von Oliven, Avocados oder anderen Früchten.

Unzählige Produkte werben mit »natürlich«, aber in ihnen kann auch vieles stecken, das möglicherweise unsere Gesundheit schädigt. Verlassen Sie sich nicht auf diese vollmundigen Versprechen oder die glanzvollen Bilder auf den Verpackungen. Die Marketingstrategen wissen sehr genau, wie sie uns manipulieren und uns Zeug verkaufen, das am Ende des Tages nicht wirklich gut für uns und die Umwelt ist.

Einige dieser Produkte werden als naturnahe Kosmetikprodukte bezeichnet, weil sie eben teilweise aus Inhaltsstoffen bestehen, die sich auch in echter Naturkosmetik finden lassen. Für uns als Verbraucher ist es aber sehr schwer herauszufinden, welche Produkte nun glaubwürdige Naturkosmetik sind und welche eben nicht. Wie können Sie sicher sein, möglichst nur die »guten« zu kaufen? Auch bei Kosmetik und Co. gibt es vertrauenswürdige Labels und Siegel.

Schon 2001 wurde auf Initiative von Naturkosmetik-Herstellern das BDIH-Siegel entwickelt. Seitdem wird es vom Bundesverband deutscher Industrie- und Handelsunternehmen (kurz BDIH) vergeben. Dieses Prüfzeichen steht für kontrollierte Naturkosmetik und berücksichtigt ökologische, gesundheitliche und soziale Aspekte. Die Kriterien gehen weit über die gesetzlichen Vorgaben hinaus.

Genauso anerkannt und renommiert ist »NATRUE«. Rund 6500 zertifizierte Produkte ziert dieses Siegel. Man findet die Produkte nicht nur in Biomärkten und Reformhäusern, sondern auch in Drogeriemärkten, Supermärkten und Kaufhäusern.

SIEGEL FÜR REINIGUNGSMITTEL

Auch bei Reinigungsmitteln beobachte ich den Trend, mehr auf natürliche Inhaltsstoffe zu setzen. Es gibt auf der einen Seite viele Start-ups, die in den vergangenen Jahren mit durchaus innovativen Produkten versucht haben, den Markt aufzumischen. Aber auch die großen Konzerne versuchen, mit einem natürlichen Anstrich Geld zu verdienen. Doch gerade bei Putz- und Reinigungsmitteln sollten wir ganz besonders hinschauen. Denn hier gibt es noch keine offizielle Zertifizierung, die mit klaren Vorgaben sicherstellt, dass Reinigungsmittel beispielsweise zu 100 Prozent aus natürlichen Inhaltsstoffen bestehen. Das, was wir bei Lebensmitteln mit beispielsweise dem EU-Biosiegel kennen, gibt es in der Form für Reinigungsmittel noch nicht. Aber auch hier gibt es Orientierungshilfen.

Zum Beispiel das NCP-Siegel. Es soll für Non-Food-Produkte einmal das sein, was das Bio-Siegel für uns Verbraucher schon ist. Da es noch recht jung ist, NCP gibt es seit 2015, hat es bisher leider noch keine hohe Verbreitung. Bei »Siegelklarheit« wird das Label schon als »sehr gute Wahl« eingestuft. Es scheint, hier können wir der Arbeit der Gesellschaft für angewandte Wirtschaftsethik, die dieses Siegel vergibt, Vertrauen schenken.

Dann gibt es noch den Blauen Engel. Das Umweltzeichen der Bundesregierung ist Ihnen in seiner über 40-jährigen Geschichte sicher schon untergekommen. Es bescheinigt einem Produkt zwar nicht unbedingt, nachhaltig zu sein, aber der Träger ist, die Umwelt betreffend, besser als ein vergleichbares Produkt ohne den Blauen Engel. Nicht mehr, aber auch nicht weniger.

Wichtig zu wissen ist, dass Begriffe wie »Nature«, »bio«, »natürlich«, die auf den Packungen stehen, nicht geschützt sind. Es sind Marketingbegriffe, die erwiesenermaßen bei uns Konsumenten durchaus (Geld aus der Tasche) ziehen. Die Gütezeichen und Siegel können uns eine gute Orientierung beim Einkauf geben. Eine wirklich hundertprozentige Sicherheit, mehr Nachhaltigkeit für mehr Geld zu bekommen, geben sie uns nicht.

CBD-PRODUKTE

Ich bin natürlich jemand – der schon allein aus beruflichen Gründen – alle neuen Trends verfolgt. Neue Produkte oder Dienstleistungen ausgiebig testet. Da habe ich eine oft sehr teure Neugier. Jedes neue Gadget, jedes Technik-Spielzeug schaue ich mir gern an.

Ich habe auch kein Problem damit, mich mit neuen Ernährungstrends quasi im Selbsttest zu beschäftigen. Aber einen Trend der letzten Jahre, habe ich nicht mitgemacht. Ich kann nicht einmal genau sagen, warum. Vielleicht weil diesem Trend ein wenig der Hauch von Drogen anhaftet. Es geht um CBD-Produkte!

CBD das steht für Cannabidiol. Sie haben diesen Begriff sicherlich schon im Zusammenhang mit Hanf gehört. Hanf als Pflanze enthält viele Cannabidiole. Das sicherlich bekannteste ist THC. Das ist der rauschmachende Wirkstoff. Um den geht es immer, wenn von Hasch gesprochen wird. Aber anders als das Tetrahydrocannabinol (THC) der Hanf-Pflanze hat CBD überhaupt keine berauschende Wirkung und macht auch nicht abhängig.

CBD als Begriff finden Sie heute auf unzähligen Produkten im Supermarkt, in der Drogerie oder auch in der Apotheke. In Deutschland haben sich schon rund 500 Hersteller für CBD-Produkte auf diesen Wachstumsmarkt gestürzt und erhoffen sich große Gewinne.

In einigen Bundesstaaten der USA und in Kanada ist Cannabis zum Konsum in der Freizeit schon freigegeben. Und auch bei uns mutiert die Pflanze mehr und mehr zum Lifestyle-Produkt. Den CBD-Hype machen sich auch immer öfter Lebensmittelmarken zu Nutze. Einer der ersten, der schon vor einigen Jahren vorpreschte, war ein bekannter Geflügelhersteller. Mit allen Klischees bediente er die Kampagne für seine Reggae-Bratwürste. Zum Welt-Cannabis-Tag wurde die quadratische Schokolade »Schoko und Gras« angeboten und auch einer der größten deutschen Discounter mischte mit. Die »Hash-Brownies« und »Cannabis-Cookies« wurden aber schnell wieder aus dem Regal genommen, nachdem eine spektakuläre Polizei-Razzia vielleicht schon den gewollten PR-Effekt ausgelöst hatte.

Für uns Verbraucher*innen macht es das natürlich doppelt schwer, den Überblick in einem völlig neuen Markt zu behalten. Es ist schwer einzuschätzen, was das Ganze in Wirklichkeit taugt. Wie seriös sind die Hersteller? Und sind die Werbeaussagen bezüglich von CBD-Produkten mehr sind als nur heiße Luft?

Die Wahrheit ist auf jeden Fall, dass die Forschung bei CBD noch recht am Anfang steht. Viele Wirkungen auf unseren Körper sind noch nicht vollumfänglich untersucht. Bei vielen Aussagen zu Gesundheitswirkungen handelt es sich leider wie so oft um Vermutungen, die erst noch mit umfangreichen Studien belegt werden müssen. Das Interesse ist aber riesig. Und das nicht nur – wie man vermuten könnte – bei Millennials, sondern vor allem bei Frauen jenseits der 50. In einer bundesweiten Studie gaben 74 Prozent der 50- bis 69-Jährigen an, schon einmal CBD-Produkte verwendet zu haben, oder dies zu tun beabsichtigten.

Die medizinischen CBD-Produkte, die es nur auf Verschreibung gibt, müssen wir hingegen gesondert betrachten. Auch hier wächst die Kundschaft kontinuierlich. In Deutschland betrug der Umsatz von sogenanntem Medizinal-Cannabis allein im ersten Halbjahr 2021 etwa 89,76 Millionen Euro. 14 Millionen mehr als im Jahr davor.

Wie es sich hierzulande gehört, hat man in Deutschland auch gleich eine eigene Behörde dafür geschaffen. Das Bundesinstitut für Arzneimittel und Medizinprodukte (BfArM) kontrolliert und überwacht den Cannabisanbau zu medizinischen Zwecken in Deutschland. Zu einigen Anwendungsgebieten gibt es vielversprechende Untersuchungen. Und auch Patienten berichten, dass ihre Beschwerden unter Anwendung von CBD-haltigen Medizinprodukten besser werden. Migräne, Rheuma und viele andere Schmerzen werden erträglicher. CBD-Arzneien können außerdem bei einer bestimmten Form der Epilepsie eingesetzt werden. Auch zu Multipler Sklerose gibt es hoffnungsmachende Hinweise.

Aber wenn wir uns die vielen CBD-Lifestyle-Produkte und die Werbung dafür ansehen, so finden wir auf diesem Gebiet doch noch weit mehr Aussagen zur positiven Wirkung. So behaupten einige Hersteller, dass ihre CBD-Produkte auch unterstützend bei Krebstherapien eingesetzt werden können. Ob Kapseln, CBD-Öle oder Tropfen, Kosmetik oder selbst CBD-Tiernahrung – es gibt wohl aktuell keine Produktgruppe, in der CBD nicht verarbeitet und zeitgleich mit Gesundheitsversprechen geworben wird. Aber wie immer bei Versprechungen: Wenn man da mal genau hinschaut, ist oft nicht mehr dahinter als heiße Luft.

Schauen wir mal auf das beliebteste CBD-Produkt: CBD-Öl. Wichtig: Verwechseln Sie das nicht mit Hanfsamenöl. Das wird auch verkauft, ist aber etwas ganz anderes. Beim Hanfsamenöl handelt es sich, wie der Name schon sagt, um Öl aus dem Samen der Hanfpflanze. Dieses Öl enthält kaum CBD. Beim CBD-Öl wiederum gibt es verschiedene Konzentrationsmengen, die Sie im Handel finden. Und je nach Stärke wird hier mit verschiedenen positiven Effekten auf unseren Körper geworben. So soll CBD-Öl beruhigend und krampflösend sowie schmerz- und entzündungshemmend wirken. Gern versprechen die Hersteller auch, dass diese CBD-Öle bei Stress und allgemeiner Unruhe helfen sollen. CBD ist also laut den Werbeversprechen ein absoluter Alleskönner.

Ich habe mal recherchiert und etwas näher nachgeschaut, was denn hinter diesen Werbeaussagen wirklich steckt. Vor allem, welche Studien die Gesundheitsversprechen untermauern. Da gibt es leider recht wenig. Und das ist dann auch nicht einmal ein Vergehen. Denn viele der CBD-Produkte gibt es aufgrund der niedrigen Dosierung im freien Verkauf. Hier muss kein Wirknachweis erbracht werden und natürlich schaffen die Hersteller es auch, die Werbeaussagen so zu formulieren, dass ihnen daraus niemand einen Strick drehen kann.

Fakt ist, dass ein Großteil der Versprechungen nur der Fantasie entspringt. Viele der versprochenen Wirkungen sind nicht bewiesen. Wer sich als Verbraucher*in darauf verlässt, wird unter Umständen bitter enttäuscht und verliert dazu auch noch eine Menge Geld. Denn den Hype lassen sich die Firmen gut bezahlen. So kostet ein Fläschchen hübsch verpacktes CBD-Öl im Handel schnell mal 30 Euro für 10 ml. Für mich rausgeschmissenes Geld.

KAPITEL 2

WOHNEN & FREIZEIT

Im vorigen Kapitel habe ich Ihnen aufgezeigt, wo und wie Sie regelmäßig beim Einkaufen über den Tisch gezogen werden. Wie Unternehmen und Händler jeden Tag aufs Neue versuchen, Ihnen mit den unterschiedlichsten Maschen das Geld aus der Tasche zu ziehen. Nun findet unser aller Leben natürlich nicht nur beim Einkaufen statt.

Wir wohnen, wir haben Hobbys und wir verreisen. Und natürlich gibt es in diesen Lebenssituationen auch immer wieder Möglichkeiten, dass Sie übervorteilt werden. In diesem Kapitel möchte ich auf einige der Maschen eingehen und Ihnen aufzeigen, wie Sie die Abzocke erkennen – sei es beim Wohnen in Ihrer Mietwohnung oder beim Reisen. Wir schauen ganz genau hin!

Das sicherlich vorherrschende Thema in diesen Wochen und Monaten für uns alle wird die Betriebskostenabrechnung sein. Schon seit Monaten ist klar: Hier kommt einiges auf uns zu. Die heftig gestiegenen Energiekosten in 2022 bedeuten für Mieter*innen nichts Gutes. Die Nachzahlungsforderungen werden in den meisten Fällen erheblich sein. Umso wichtiger ist es, die Nebenkostenabrechnung ganz genau zu prüfen. Denn leider steckt hier der Teufel im Detail. Und damit Sie von Ihrem Vermieter nicht über den Tisch gezogen werden, gehe ich in diesem Kapitel ausführlich auf die Betriebskostenabrechnung ein.

ZUR MIETE WOHNEN

Deutschland ist das Land der Mieter. Damit sind wir in Europa Spitzenreiter. Nach regelmäßigen Untersuchungen wohnt fast die Hälfte der Deutschen zur Miete. In vielen anderen europäischen Ländern sieht es da ganz anders aus. 70 Prozent der Europäer*innen wohnen im Schnitt im Eigenheim. Davon sind wir in Deutschland weit entfernt.

Und deshalb sind in Deutschland Millionen von Mieter*innen immer wieder vielen Fallen ausgesetzt. Nun ist natürlich nicht jeder Vermieter ein Abzocker. Verstehen Sie mich da bitte nicht falsch. Es gibt sehr viele faire, denen es wichtig ist, ihre Mieter*innen nicht zu übervorteilen. Aber ebenso wie es nette Leute gibt, gibt es leider auch die andere Seite. Vermieter*innen, die versuchen, das meiste für sich selbst rauszuholen. Das deutsche Mietrecht gibt viel Gestaltungsspielraum, den Vermieter*innen auch gern voll ausnutzen. Diese kleinen und großen Lücken in der Rechtsprechung können Sie viel Geld kosten. Aber nach der Lektüre dieses Kapitels wird Ihnen das ein oder andere vielleicht nicht passieren.

DER MIETVERTRAG UND SEINE TÜCKEN

Eigentlich beginnt das ganze Drama schon beim Unterschreiben des Mietvertrags. Die meisten Verträge umfassen doch recht viele Seiten. Sie kennen das. Neben dem eigentlichen Vertrag über die Mietsache gibt es dann meist noch diverse Anhänge: die Hausordnung, eine Anweisung über die richtige Pflege des Fußbodens, eine Lüftungsanweisung und so weiter. Da kommen schnell 20 bis 40 Seiten zusammen. Und Sie werden es nicht gern hören: Lesen Sie jede Seite in Ruhe durch! Wirklich in Ruhe. Ich gebe zu, ich habe das bei meinen ersten Mietverträgen, als ich noch jung und naiv war, auch nie gemacht. Für mich waren die groben Fakten immer das Wichtigste – die habe ich gecheckt. Also: Stimmen die Angaben zur Zimmerzahl, zu den Quadratmetern, zu den übergebenen Schlüsseln und stimmt das Übergabeprotokoll. Aber ganz ehrlich: 70 Prozent der Paragraphen im Vertrag habe ich mir nicht angeschaut. Das sieht heute natürlich anders aus mit der

Erfahrung. Lassen Sie uns einmal die wichtigsten Punkte des Vertrages zwischen Ihnen und Ihrem Vermieter durchgehen.

SCHÖNHEITSREPARATUREN

Schönheitsreparaturen geben immer wieder Anlass zu Streit zwischen Vermieter und Mieter. Nach wie vor landen viele Fälle vor Gericht. Der Vermieter möchte, dass seine Mietsache im Idealfall genauso aussieht wie nach der Fertigstellung der Wohnung oder des Hauses. Der Mieter möchte beim Auszug möglichst wenig Arbeit mit den Renovierungsarbeiten haben. Und beide Seiten haben natürlich unterschiedliche Auffassungen davon, was gut oder was schlecht gestrichen und renoviert ist. Über allem steht die eine große Frage: Was muss ich als Mieter überhaupt machen, wenn ich ausziehe? Welche Arbeiten müssen durch mich durchgeführt werden und welche nicht? Die Vielzahl an Klauseln und Formulierungen in den Mustermietverträgen machen es nicht unbedingt einfacher, hier durchzublicken.

Viele Vermieter*innen nutzen die Unwissenheit ihrer Mieter*innen gern aus und drücken ihnen Arbeiten auf, die gesetzlich nicht so vorgeschrieben sind. Ich hatte mal einen Mietvertrag, in dem sinngemäß stand, dass ich bei Auszug die Wohnung bitte in den professionellen Zustand zu bringen habe, so wie ich die Wohnung – es war ein Erstbezug nach Sanierung – vorgefunden hatte.

Bei der Abnahme der Wohnung verlangte die damalige Vermieterin, dass ich das Parkett abschleifen und alle Fensterrahmen weiß streichen lassen sollte. Was geht da wirklich nach heutiger Rechtsprechung und was nicht? Leider ist es gar nicht so einfach zu definieren, trotz diverser Gerichtsurteile in den letzten Jahren. In den Mietverträgen finden sich unzählige Regelungen, wie die Schönheitsreparaturen umzusetzen sind. Glücklicherweise haben Gerichte viele dieser Formulierungen schon lange kassiert. Regelmäßig gibt es entsprechende Urteile des Bundesgerichtshofs. Eines der spannendsten ist sicher das aus dem August 2018. Im vorliegenden Fall hatte ein Mieter eine unrenovierte Wohnung angemietet. Im Mietvertrag fand sich unter dem Punkt »Schönheitsreparaturen« der Hinweis, dass die Wohnung bei Auszug in renoviertem Zustand übergeben werden muss. Der Bundesgerichtshof urteilte hier, dass diese Klausel den Mieter unzulässig benachteiligt und er die Wohnung deshalb auch nach Auszug in unrenoviertem Zustand übergeben darf. Selbst wenn er sich mit der Vereinbarung, die Wohnung nur renoviert zu übergeben, einverstanden erklärt hatte. Das Gericht urteilte: »Schönheitsreparaturen sind Aufgabe des Vermieters. Diese auf den Mieter zu übertragen geht – aber nur mit sehr klaren Formulierungen.«

Damit Sie beim Auszug irgendwann nicht mehr machen müssen, als gesetzlich vorgeschrieben, ist es wichtig, die Formulierungen im Mietvertrag genau zu prüfen. Je nachdem wie die Regelungen zu den Schönheitsreparaturen ausformuliert sind, hat das Auswirkungen. Die folgenden Formulierungen beispielsweise wurden schon von Gerichten kassiert. Finden Sie diese in Ihrem Mietvertrag, so ist die Chance also groß, dass Sie beim Auszug keine Renovierungsarbeiten durchführen müssen:

- Ihr Vermieter verlangt von Ihnen, dass Sie Schönheitsreparaturen nach starren Fristen zu erledigen haben. Meist finden sich in den Mietverträgen dann Formulierungen wie: »Die Küche, das Bad und der Flur sind alle drei Jahre und alle anderen Räume alle 5 Jahre zu renovieren.«
- Ihr Vermieter verlangt Renovierungsarbeiten unabhängig davon, ob sie notwendig sind. Also nach dem Motto: »Wann immer Sie ausziehen, die Wohnung ist immer vollständig zu renovieren.«
- Ihr Vermieter verlangt eine Endrenovierung.
- Ihr Vermieter verlangt, dass eine Fachfirma die Arbeiten ausführt. Die Kosten muss dann im schlimmsten Falle der Mieter tragen. So war es auch im bereits oben angeführten BGH-Urteil aus August 2018. Der Vermieter war mit dem Zustand der Wohnung bei Übergabe nicht einverstanden und beauftragte eine Fachfirma mit der Durchführung der Schönheitsreparaturen. Die Kosten in Höhe von knapp 800 Euro wollte er wiederum von den Mietern erstattet bekommen.

Das Thema Schönheitsreparaturen steckt voller Fallstricke, sodass es immer Sinn macht, die entsprechenden Klauseln von einem Anwalt prüfen zu lassen. Da es hier auch regelmäßig neue Gerichtsurteile gibt, kann sich fast monatlich alles ändern.

Das Wichtigste ist, dass Sie jeweils bei Einzug und auch bei Auszug auf ein ordentliches Übergabeprotokoll bestehen. Lesen Sie die Vermerke sehr genau durch und machen Sie Fotos der Wohnung. Hier bietet es sich beispielsweise an, die potenziell strittigen Punkte sehr genau zu fotografieren, so etwa den Zustand von Wänden, Fenstern, Heizungsrohren, Schäden im Badezimmer an Fliesen oder Schäden an Fußböden wie Parkett oder Dielen. Wenn Zeugen bei der Übergabe dabei sind, sollten auch diese unterschreiben. Kommt es später zu einem Rechtsstreit, so haben Sie mit dem Übergabeprotokoll einen rechtssicheren Beweis für den Zustand der Wohnung bei Einzug oder Auszug.

MIETSTAFFEL

Die Mieten in Deutschland sind in den letzten Jahren enorm gestiegen. In einigen Ballungszentren wie Berlin, Hamburg oder Köln ging es allein in den letzten 10 Jahren im Schnitt um 50 Prozent nach oben. Klar, dass es um die Miethöhe auch gern Streit gibt. Aus Sicht des Vermieters ist es natürlich oberstes Ziel, das Maximum an Miete aus der Wohnung herauszuholen. Bei der Mietstaffel ist es so, dass eine regelmäßige Mieterhöhung bereits im Vertrag festgelegt ist und diese dann auch für beide Parteien gilt. Im BGB ist außerdem sehr klar formuliert, was geht und was nicht:

Bürgerliches Gesetzbuch (BGB)

§ 557a Staffelmiete

(1) Die Miete kann für bestimmte Zeiträume in unterschiedlicher Höhe schriftlich vereinbart werden; in der Vereinbarung ist die jeweilige Miete oder die jeweilige Erhöhung in einem Geldbetrag auszuweisen (Staffelmiete).

(2) Die Miete muss jeweils mindestens ein Jahr unverändert bleiben. Während der Laufzeit einer Staffelmiete ist eine Erhöhung nach den Paragraphen 558 bis 559b ausgeschlossen.

(3) Das Kündigungsrecht des Mieters kann für höchstens vier Jahre seit Abschluss der Staffelmietvereinbarung ausgeschlossen werden. Die Kündigung ist frühestens zum Ablauf dieses Zeitraums zulässig.

(4) Die Paragraphen 556d bis 556g sind auf jede Mietstaffel anzuwenden. Maßgeblich für die Berechnung der nach § 556d Absatz 1 zulässigen Höhe der zweiten und aller weiteren Mietstaffeln ist statt des Beginns des Mietverhältnisses der Zeitpunkt, zu dem die erste Miete der jeweiligen Mietstaffel fällig wird. Die in einer vorangegangenen Mietstaffel wirksam begründete Miethöhe bleibt erhalten.

(5) Eine zum Nachteil des Mieters abweichende Vereinbarung ist unwirksam.

Für den Vermieter/die Vermieterin hat so eine Vereinbarung den klaren Vorteil, dass er/sie Mieterhöhungen nicht gesondert begründen muss. Das wäre bei den üblichen Mieterhöhungen nämlich immer der Fall. Bei einer Staffelmiete haben sich beide Parteien bereits bei Abschluss des Mietvertrags auf eine Staffelung geeinigt. Und diese gilt dann auch. Der Nachteil für den Mieter: So vereinbarte Mieterhöhungen dürfen sogar die ortsübliche Vergleichsmiete übersteigen. Aber wiederum positiv: Gilt eine Mietpreisbremse in der Region, muss diese trotzdem eingehalten werden.

Der Nachteil einer Staffelmiete für den Mieter ist immer, dass bereits nach 12 Monaten eine Mieterhöhung möglich ist. Bei einem normalen Vertrag geht das erst nach 15 Monaten.

Lassen Sie sich am besten auf keine Mietstaffel ein und beachten Sie, es gibt auch Verträge mit einer Indexmiete, da wird die Miete entsprechend der Inflation angepasst. Gerade in Zeiten mit hoher Inflation kann das richtig teuer werden.

MIETDAUER

Wenn Sie einen Mietvertrag abschließen, dann wissen Sie in der Regel nicht, wie sich Ihr Leben weiterentwickeln wird. Bleiben Sie ein Jahr in der Wohnung, zwei, fünf oder zehn Jahre? Glücklich kann jeder sein, der einen Mietvertrag hat, der schon recht lange läuft, und der immer noch eine sehr günstige Miete zahlt. Aber das Leben verändert sich. Man lernt jemanden kennen, man heiratet, bekommt Kinder oder man möchte sich verkleinern, weil die Kinder ausziehen. Dann sucht man vielleicht eine neue Wohnung. Die Mietdauer ist oft ein Streitpunkt zwischen Vermieter und Mieter. Gerade jetzt, wo es darum geht, möglichst viel aus den Wohnungen herauszuholen, setzen viele Vermieter auf eine Befristung. Die Verträge laufen beispielsweise nach fünf Jahren aus und der Mieter ist gezwungen, die Wohnung zu verlassen. Achten Sie auf jeden Fall bei Abschluss Ihres Mietvertrages auf Befristungen. Lassen Sie sich im Idealfall nicht darauf ein. Eine Befristung ist tatsächlich bindend, und wenn Sie die Wohnung dann doch behalten wollen, ist es für Sie nicht möglich, den Mietvertrag zu verlängern. Sie müssen einen neuen Mietvertrag abschließen zu den dann geltenden Bestimmungen – und die werden im wahrscheinlichsten Fall schlechter sein als die Ihres abgelaufenen Mietvertrags.

MIETZINS

Es ist ein Irrglaube, dass der Vermieter und der Mieter als zwei Vertragsparteien eine Vereinbarung treffen, die dann auch in der Zukunft noch gilt. Klar, der Vermieter muss sich an geltendes Recht halten. Das gilt auch für die Miethöhe. Die Miete ist zum Beispiel zu hoch, wenn sie mindestens 10 Prozent über der ortsüblichen Vergleichsmiete liegt. Das gilt in einigen Hundert deutschen Städten, in denen die Mietpreisbremse gilt. Diese wurde 2015 eingeführt.

Von einer Mietpreis-Überhöhung spricht man, wenn die Miete mindestens 20 Prozent über der ortsüblichen Vergleichsmiete liegt. Das ist eine Ordnungswidrigkeit.

Und es gibt Mietwucher. Das ist sogar eine Straftat. Von Mietwucher sprechen die Gerichte, wenn die Miete mindestens 50 Prozent über der ortsüblichen Vergleichsmiete liegt.

Die ortsübliche Vergleichsmiete wurde mit dem Mietspiegel 1974 eingeführt. Ziel war, für beide Parteien eine einklagbare Größe festzuschreiben, an der sich Mieten bemessen können. So gibt es fast in ganz Deutschland einen Mietspiegel für die Region, der Mieten nach Ausstattung und Baujahr von Wohnhäusern kategorisiert. Diese ortsüblichen Vergleichsmieten werden auch für Gerichtsverfahren als Maßgabe akzeptiert. Nicht jede Gemeinde hat diesen Mietspiegel. Jedoch gibt es hierzu eine Gesetzesänderung: Diese sieht vor, dass Gemeinden mit mindestens 50 000 Einwohnern ab 1. Januar 2023 einen »einfachen Mietspiegel« erstellen müssen. Das ist erst mal die kleinste Version eines Mietspiegels, der direkt von der Gemeinde erstellt wird. Er berücksichtigt die tatsächlich erzielten Mieten in der Gemeinde, gruppiert nach verschiedenen Kriterien. Dieser Mietspiegel sollte immer Basis sein für den Mietvertrag, den Mieter und Vermieter miteinander abschließen. Kritik gibt es am »einfachen Mietspiegel«, da er sich nur auf freiwillige Datenmeldungen bezieht. Ein sogenannter »qualifizierter Mietspiegel« wiederum muss mittels wissenschaftlich anerkannter Methoden erstellt werden.

Trotzdem finden Vermieter*innen immer Möglichkeiten, diese gesetzlichen Vorgaben zu umgehen. Nehmen wir das Beispiel Mietpreisbremse. Vermieter*innen umgehen diese, indem sie die Wohnung als möbliert vermieten. Das ist eine beliebte Masche, aber auch nicht ohne Weiteres möglich! Denn: Eine Wohnung gilt nur als möbliert, wenn mindestens 50 Prozent der erforderlichen Einrichtungsgegenstände vorhanden sind. Und der Vermieter darf die Mietpreisbremse auch nur dann außer Acht lassen, wenn die Wohnung in dieser Form vorübergehend vermietet wird. Wenn Ihr Vermieter/Ihre Vermieterin also mit dem Satz um die Ecke kommt: »Die Wohnung ist möbliert – die Mietpreisbremse gilt hier nicht!«, wissen Sie – er oder sie wird sich in vielen Fällen leider irren.

WOHNFLÄCHE

Hand aufs Herz: Als Sie Ihre Wohnung angemietet haben, sind Sie da mit dem Zollstock durch alle Räume gelaufen und haben die Größe ausgerechnet? Vermutlich macht das niemand. Ich habe das zumindest noch nie gemacht, muss ich gestehen. Bei keiner meiner 14 Wohnungen, in denen ich als Mieter gewohnt habe. Und das ist für die Vermieter oft ein wahres Geschenk. Der Deutsche Mieterbund schätzt, dass in zwei Drittel aller deutschen Mietwohnungen die Angabe der Wohnfläche nicht stimmt! Dabei muss es natürlich nicht gleich um zig Quadratmeter gehen. Aber es macht total Sinn, einmal nachzumessen. Denn ist die Wohnung mehr als 10 Prozent kleiner als im Mietvertrag vereinbart, dann haben Sie umfangreiche Rechte. So können Sie den Mietvertrag fristlos kündigen und außerdem zu viel gezahlte Miete zurückverlangen. Wichtig dabei ist zu wissen, wie die Wohnfläche sich genau zusammensetzt, bevor Sie munter losmessen. Zur Wohnfläche gehören alle Wohnräume, Schlafzimmer, Küche, Bad und auch der Flur. Kellerräume, Garagen oder Waschküchen zählen generell nicht zur Wohnfläche. Ein Balkon wird mit 25 Prozent der tatsächlichen Fläche in die Wohnflächenberechnung mit aufgenommen. Besonders wichtig für alle, die in einem Dachgeschoss wohnen: Schrägen werden natürlich berücksichtigt. Bis zu einem Meter Deckenhöhe fällt die Fläche unter den Tisch. Ab 100 Zentimeter bis 199 Zentimeter Deckenhöhe wird die Fläche zur Hälfte angerechnet. Erst ab 2 Metern Deckenhöhe werden die Flächen zu 100 Prozent in die Wohnflächenberechnung einbezogen.

Wenn der Vermieter aber in den Mietvertrag reinschreibt, dass die angegebene Wohnfläche »unverbindlich« ist und keine Relevanz für die Berechnung der Miete hat, dann gilt das leider auch.

Wenn Angaben zur Wohnfläche gemacht werden, vertrauen Sie auf jeden Fall NICHT den Angaben im Vertrag. Wie heißt es so schön: »Vertrauen ist gut, Kontrolle ist besser!« Der Bundesgerichtshof hat z. B. 2009 entschieden (u. A. VIII ZR 142/08), eine fristlose Kündigung oder Mietminderung ist gerechtfertigt, wenn die im Mietvertrag angegebene Wohnfläche von der tatsächlichen um mehr als zehn Prozent abweicht.

HAUSORDNUNG

Wann darf Lärm gemacht werden und wann nicht? So simpel ist die Hausordnung zwar in den seltensten Fällen gestrickt, nichtsdestoweniger ist die Lärmbelästigung oft einer der Hauptstreitpunkte unter Nachbarn. Die Hausordnung regelt sehr klar Rechte und Pflichten. Es geht um Ruhezeiten, Müllentsorgung, Nutzung der

Gemeinschaftseinrichtungen, Reinigung von Gemeinschaftseinrichtungen und so weiter.

Vermieter*innen nutzen die Hausordnung gern, um Verbote durchzusetzen, die im Mietvertrag nicht rechtens sind. So schreiben sie beispielsweise rein, dass Waschmaschinen nur im gemeinschaftlichen Keller aufgestellt werden dürfen. Das ist aber nicht erlaubt. Als Mieter darf ich die Mietsache – also die Wohnung – vollumfänglich nutzen, also auch meine Waschmaschine in der Küche oder im Bad aufstellen. Auch wenn der Vermieter das vielleicht nicht möchte. Ebenfalls verboten sind Klauseln, die vorschreiben, wann Besuch empfangen werden darf und wann nicht. Auch Vorgaben zu Dusch- und Badezeiten sind ungültig – stehen aber gern mal unter dem Punkt »Nachtruhe« in der Hausordnung. Sie dürfen natürlich nachts um 2 Uhr duschen. Niemand kann Ihnen das verbieten!

Was sicherlich aktuell noch ein großes Thema werden kann, sind die Temperaturen in der Wohnung. Auch wenn es aus Energiespar-Gründen Sinn machen könnte, wie warm oder kalt Ihre Wohnung zu sein hat, darf Ihnen Ihr Vermieter das nicht vorschreiben.

Aber Achtung: Gibt es ein berechtigtes Verbot und Sie als Mieter*in halten sich nicht daran, droht Ihnen im schlimmsten Fall die Kündigung des Mietvertrags.

TIERHALTUNG

Um weniges in Mietwohnungen gibt es mehr Ärger als um das Thema Haustiere. Katze, Hund, Wellensittich, Hamster oder Schlange – es gibt Millionen Haustiere in Deutschland und die sind immer wieder Grund für jede Menge Unmut. Mehr als 200 000 Fälle von Mietstreitigkeiten landen jedes Jahr vor unseren Gerichten. Fragen der Tierhaltung gehören zu den häufigsten Gründen für mietrechtliche Streitigkeiten.

In vielen Mietverträgen – gerade in den Standardverträgen – sind Haustiere meist untersagt und der Gesetzgeber sagt, dass wir uns an diese

Regeln auch meist halten müssen. Wobei der Bundesgerichtshof das standardisierte Verbot eigentlich 2013 gekippt hat. Aber es bleibt dem Vermieter trotzdem vorbehalten, im Einzelfall Verbote auszusprechen. Bei einigen Tieren müssen Sie sich als Mieter aber keine Gedanken machen: Es gibt Ausnahmen, die die wenigsten kennen, denn einige Tiere sind tatsächlich erlaubt und nicht genehmigungspflichtig. Das betrifft zum einen natürlich Therapie- und Blindenhunde. Diese sind von allen Regelungen im Mietvertrag ausgenommen. Außerdem gehören auch kleine Tiere dazu.

Nun fragen Sie sich zu Recht: Was zählt denn alles als »kleines« Tier? Eine ganze Menge: Meerschweinchen, Kaninchen, Wellensittich oder Fische sind damit schon einmal ganz klar gemeint. Aber es gibt auch Gerichte, die Hund und Katze zu den kleinen Tieren zählen. Und gerade um die gibt es oft Ärger. Ich kenne viele Mietverträge, in denen genau diese Haustiere verboten sind. Oft steht im Vertrag: »Tierhaltung ist verboten und erfordert immer die Zustimmung des Vermieters.« Wenn Sie nicht gerade einen Geparden halten wollen, kann ich Ihnen nur raten: Ignorieren Sie das Verbot! Aber eines sollten Sie trotzdem beachten: Geht vom Haustier eine Belästigung anderer Mieter aus, so kann der Vermieter auch nachträglich ein Verbot aussprechen. Wenn der Hund beispielsweise permanent – auch nachts – bellt. Oder die Katze den Garten des Nachbarn zerstört.

NEBENKOSTENABRECHNUNG

Kein Thema wird in diesen Wochen und Monaten für mehr Wirbel sorgen. Im Jahr 2022 haben wir uns fast täglich mit Schlagzeilen wie »Nebenkosten-Hammer!«, »Das kommt auf uns alle zu.« oder »Betriebskosten – Mieter gehen pleite!« beschäftigen müssen. Sicherlich haben die Boulevardblätter bei ihren Überschriften sehr drastische Worte gefunden. Der Kern aber bleibt wahr: Die Betriebskostenabrechnungen für 2022 werden sicherlich für viel Gesprächsstoff sorgen.

Die Gaskrise und die extrem gestiegenen Preise am Weltmarkt für Energieträger haben dafür gesorgt, dass das Heizen und das Herstellen von Warmwasser so teuer ist, wie schon seit Jahrzehnten nicht mehr. Die

Vorauszahlungen, die Mieter*innen hier geleistet haben, reichen in den wenigsten Fällen aus, um die Kosten zu 100 Prozent zu decken.

Dazu kommt aber etwas, das bei uns schon seit Jahren gang und gäbe ist: die Abzocke in der Betriebskostenabrechnung. Jede zweite Nebenkostenabrechnung in Deutschland ist falsch. Das beanstanden die Mieterverbände – ein großes Frustmoment für Mieter. Wenn Sie sich bewusst machen, dass Ihre Abrechnung fehlerhaft sein könnte und Sie Jahr für Jahr vielleicht zu viel Geld bezahlen, ist das völlig zu Recht ein richtiges Ärgernis. Ich möchte den Vermieter*innen nicht in allen Fällen Vorsatz unterstellen. Aber es gibt genügend Vermieter, die die Unwissenheit ihrer Mieter*innen schamlos ausnutzen.

Bei der Nebenkostenabrechnung geht es in erster Linie immer darum, genau zu prüfen, welche Posten Ihr Vermieter wirklich abrechnen darf. Denn oft versuchen Vermieter, Ihnen Posten unterzujubeln, die eigentlich nicht auf die Mieter umgelegt werden dürfen.

Diese Dinge dürfen im Regelfall umgelegt werden:

- Grundsteuer: Die zahlt der Vermieter an das zuständige Finanzamt und die darf er auch komplett auf die Mieter*innen umlegen. Aber Achtung: Die Grundsteuer wird gerade reformiert. Es ist unklar, wie sich die Steuern in den einzelnen Regionen entwickeln. Es kann auch zu drastischen Erhöhungen kommen!
- Kosten für Wasser und Abwasser: Diese Verbrauchskosten werden natürlich in der Regel auf alle umgelegt. Je nach den Regeln im Mietvertrag kann es sein, dass hier nach Köpfen, Wohnfläche oder nach tatsächlichem Verbrauch abgerechnet wird.
- Reinigungskosten: Dazu gehören zum einen die Straßenreinigungskosten: Sei es von der Kommune erhoben oder von einem privaten Anbieter in Rechnung gestellt, die angefallenen Kosten werden gegenüber den Mieter*innen abgerechnet. Aber auch die Hausreinigung, die Gartenpflege und die Müllabfuhr gehören zu den umlegbaren Posten.
- Beleuchtung: Natürlich wollen Sie nachts nicht durch ein dunkles Treppenhaus gehen. Die Kosten für die Hausbeleuchtung darf Ihr Vermieter auch auf alle Mieter*innen umlegen.

- Versicherungen: Die Kosten für die Wohngebäudeversicherung und auch die Haftpflichtversicherung darf der Vermieter auf Sie umlegen.
- Hausmeister: Gibt es einen Hausmeister, der sich zum Beispiel um den Winterdienst oder um auch die Gartenpflege kümmert, so dürfen auch diese Kosten auf alle umgelegt werden.

Achten Sie gerade beim Hausmeister darauf, dass hier nicht doppelt für Hausreinigung und Winterdienst abgerechnet wird. Sollte das der Fall sein, fragen Sie konkret nach, welche Aufgaben der Hausmeister dann real hatte.

Neben diesen Posten, die der Vermieter auf Sie umlegen darf, gibt es immer wieder Nebenkosten, die gern untergeschoben werden, die der Vermieter aber komplett aus eigener Tasche zahlen muss.

Zu den nicht auf die Mieter*innen umlegbaren Kosten gehören:

- Reparaturen am Haus oder an Nebengebäuden: Geht was kaputt, muss der Eigentümer selbst ran und die Kosten tragen.
- Hausverwaltung: Alle Kosten, die der Vermieter mit der Verwaltung des Gebäudes hat, muss er selbst tragen.

Noch ein paar Tipps, damit Sie von Ihrem Vermieter nicht über den Tisch gezogen werden:

- Abgerechnet werden dürfen nur die Posten, die auch im Mietvertrag vermerkt sind. Vergleichen Sie die Angaben!
- Achten Sie darauf, ob freistehender Wohnraum auch herausgerechnet wird. Stand eine Wohnung im Mietshaus vielleicht eine Zeit lang leer, so muss der Vermieter die vollen Betriebskosten dafür anteilig übernehmen.
- Achten Sie auf den Verteilerschlüssel. Dieser muss klar nachvollziehbar in der Abrechnung stehen.

Wenn Sie den Eindruck haben, dass in Ihrer Betriebskostenabrechnung irgendetwas nicht stimmt, haben Sie auf jeden Fall Anspruch darauf, Einblick in alle Belege zu bekommen. Dieses Recht sollten

Sie auch wahrnehmen. Der Vermieter ist dazu verpflichtet, Ihnen alle Rechnungen und Belege zu zeigen. Dazu können Sie während der Bürozeiten nach Voranmeldung Einblick erhalten. Wohnen Sie etwas weiter entfernt, können Sie auch verlangen, dass er Ihnen Kopien schickt. Sie haben gesetzlichen Anspruch auf Belegeinsicht, wie im BGB festgehalten:

Bürgerliches Gesetzbuch (BGB)

§ 259 Umfang der Rechenschaftspflicht

(1) Wer verpflichtet ist, über eine mit Einnahmen oder Ausgaben verbundene Verwaltung Rechenschaft abzulegen, hat dem Berechtigten eine die geordnete Zusammenstellung der Einnahmen oder der Ausgaben enthaltende Rechnung mitzuteilen und, soweit Belege erteilt zu werden pflegen, Belege vorzulegen.

(2) Besteht Grund zu der Annahme, dass die in der Rechnung enthaltenen Angaben über die Einnahmen nicht mit der erforderlichen Sorgfalt gemacht worden sind, so hat der Verpflichtete auf Verlangen zu Protokoll an Eides statt zu versichern, dass er nach bestem Wissen die Einnahmen so vollständig angegeben habe, als er dazu imstande sei.

(3) In Angelegenheiten von geringer Bedeutung besteht eine Verpflichtung zur Abgabe der eidesstattlichen Versicherung nicht.

Wichtig zu wissen ist auch: Die Betriebskostenabrechnung muss immer innerhalb von 12 Monaten nach Abschluss des Betriebskostenjahres bei Ihnen eingehen. Kommt sie später, müssen Sie eine eventuelle Nachzahlung nicht bezahlen.

Die Betriebskostenabrechnung für das Jahr 2022 wird für viele ein großes, schweres Thema, denn auf Grund der Energiekrise werden die Nebenkosten heftig hoch ausfallen. Hier ist es umso wichtiger, ganz genau hinzuschauen und sich nicht über den Tisch ziehen zu lassen.

MIETMINDERUNG

Wann immer irgendetwas in Ihrer Wohnung nicht so funktioniert, wie es sollte, haben Sie Anspruch darauf, dass Ihr Vermieter diesen Mangel abstellt – Sie haben davon garantiert schon gehört. Mietminderung ist ein wichtiges Thema, wird aber immer ein bisschen missverstanden. Sie haben eine Wohnung gemietet und haben natürlich Anspruch darauf, dass die Wohnung dem entspricht, was im Vertrag beschrieben wurde. Stimmt das nicht mit dem Ist-Zustand überein, haben Sie Anspruch darauf, dass der Vermieter den Mangel abstellt. Einige kleine Beispiele: Die Wohnung wird nicht warm genug, obwohl die Heizung angestellt ist, oder es regnet in die Wohnung oder der Fahrstuhl funktioniert nicht oder, wie schon in diesem Kapitel beschrieben, die angegebene Wohnfläche ist nicht korrekt.

Bevor Sie jedoch die Miete mindern – das sollten Sie nämlich nie als erste Maßnahme tun – schreiben Sie dem Vermieter und bitten Sie um das Abstellen des Mangels. Dafür müssen Sie ihm auch ausreichend Zeit geben. Hier kommt es natürlich auf die Schwere des Mangels an. Eine ausgefallene Heizung im Winter wiegt natürlich schwerer, als eine nicht funktionierende Spülmaschine in der Einbauküche. Die Zeit, die Sie dem Vermieter für die Mängelbehebung geben müssen, muss angemessen sein. Sollte er sich nicht kümmern und Sie im schlimmsten Fall ignorieren, so dürfen Sie die Miete mindern. Hier ist es leider so, dass es dafür keine offizielle Mietminderungsstaffel gibt. Dafür Erfahrungswerte aus Hunderten Gerichtsurteilen. Hier einige Beispiele:

- Heizung fällt aus im Winter: 50–100 % Mietminderung
- Lärmbelästigung durch Hundegebell: 10–20 % Mietminderung
- Ausfall von Warmwasser: 15–20 % Mietminderung

Wird der Mangel nicht zeitnah abgestellt, haben Sie als Mieter*in Anspruch auf Mietminderung. Kündigen Sie dies dem Vermieter an (am besten per Einschreiben) und ziehen Sie die Minderung von der Bruttomiete – also Nettokaltmiete plus Nebenkosten – ab.

MIETKAUTION/KAUTIONSVERSICHERUNGEN

Natürlich hat Ihr Vermieter Anspruch darauf, dass Sie regelmäßig die Miete zahlen. Dafür braucht er eine Sicherheit – und das ist das Mietkautionskonto. In Deutschland ist es so geregelt, dass Sie im Regelfall drei Nettokaltmieten zahlen müssen, die beispielsweise auf einem Sparbuch oder einem speziellen Mietkautionskonto angelegt werden. Der Vermieter kann auch von Ihnen verlangen, dass dieses Geld bei ihm selbst auf einem Konto liegt, er muss es jedoch von seinem eigenen Vermögen getrennt anlegen.

Was immer beliebter wird, sind Kautionsversicherungen. Hier übernimmt eine Versicherung die Haftung für Ihre Mietkaution. Sie müssen die Mietkaution nicht in voller Höhe beibringen, zahlen aber jährlich Zinsen für diese Versicherung, beziehungsweise eine Versicherungsprämie.

Wenn Sie länger in einer Wohnung leben, ist dies finanziell jedoch nicht lohnend, da die Prämie am Ende doch recht teuer wird. In Deutschland ist es so, dass der Vermieter nicht verlangen kann, dass Sie die Kaution in einer Summe zahlen. Sie können das auch in drei Raten tun. Darauf haben Sie Anspruch und das sollten Sie auch nutzen.

Leider nutzen Vermieter*innen die Kaution gern als Druckmittel bzw. behalten diese unter fadenscheinigen Gründen nach dem Auszug ein. Dann werden plötzlich Schäden in der Wohnung entdeckt, die mit der Kaution verrechnet werden sollen. Wichtig ist, dass Sie sich bei der Übergabe der Wohnung ein ordentliches Protokoll anfertigen lassen inklusive Fotos der Mängel, die der Vermieter anmahnt. Lassen Sie sich unmittelbar eine Kopie des Protokolls aushändigen. Am besten nehmen Sie zur Übergabe der Wohnung (beim Einzug, wie auch beim Auszug) einen Zeugen mit.

Wichtig zu wissen ist, dass die normale Abnutzung der Wohnung zum bestimmungsgemäßen Gebrauch gehört. Also, Laufspuren oder leichte Kratzer im Parkett- oder Dielenboden sind keine Schäden, die Ihnen angelastet werden können. Parkett leidet natürlich über die Jahre und die normale Abnutzung geht immer zu Lasten des Vermieters! Und lassen Sie sich nicht allzu lange hinhalten, wenn es um die Rückzahlung der Kaution geht. Nach maximal 6 Monaten sollte das Geld auf Ihrem Konto sein!

ENERGIEVERSORGER

Hunderte Energieversorger gibt es in Deutschland und diese waren 2022 so sehr im Fokus wie wohl noch nie zuvor. Mit dem Beginn des Ukraine-Kriegs im Februar begann für uns alle eine Energiekrise, die massive Auswirkungen auf unsere Strom- und Gasversorgung hatte. Die gestiegene Nachfrage nach Energie auf dem Weltmarkt und die absehbare Versorgungslücke durch nicht mehr stattfindende Importe hat an den Weltmarktbörsen die Preise in die Höhe getrieben. Wenn eine gleichbleibende oder steigenden Nachfrage auf ein geringeres Angebot trifft, ist das leider die Konsequenz.

Die Beschaffungskosten vervielfachten sich und die Energieversorger mussten die Preise für uns Verbraucher*innen immer weiter anpassen. Wer bisher 50 Euro monatlich für seinen Strom bezahlte, landete schnell bei 100 oder 150 Euro. Bei Gasverträgen waren die Steigerungen teils noch höher. Der Börsenpreis hatte sich innerhalb weniger Monate teilweise verzehnfacht!

Leider sind Energieversorger aber auch schon vorher immer wieder in die Kritik geraten wegen undurchsichtiger Preisgestaltungen, Lockangeboten und – bei den schwarzen Schafen der Branche – auch oft wegen verzögerter Auszahlung von Guthaben.

Die Liberalisierung des Strom- und Gasmarktes hatte sicherlich den positiven Effekt, dass wir Verbraucher*innen mehr Optionen wahrnehmen konnten. Aber auf der anderen Seite hat es den ganzen Markt undurchsichtiger gemacht und die Gelegenheit, uns über den Tisch zu ziehen, haben Energieversorger immer wieder gern genutzt. Interessanterweise sind die Preise für Energie trotz Liberalisierung auch nicht signifikant gesunken.

Die Liberalisierung hat auch dazu geführt, dass Vergleichsportale wie Pilze aus dem Boden geschossen sind. Auf diesen Internetseiten können

Sie – nach Aussage der Portale – innerhalb weniger Minuten den perfekten, günstigsten Energieversorger für Ihre Wohnung oder Ihr Haus finden. Ja, das klappt auch ganz gut. Hat aber so seine Tücken. Ganz klar: Die Portale leben von der Vermittlung entsprechender Verträge. Sie bekommen eine Provision von den Energieversorgern. Und die Versorger haben natürlich das Interesse, in den Suchergebnissen weit oben aufzutauchen. Dazu bedienen sie sich einiger Tricks:

- Bezahlte Anzeige: Einige der großen Portale verkaufen die ersten Suchergebnisse als »Anzeige«. Sobald Sie Ihre Daten eingegeben haben, erhalten Sie die vermeintlich günstigsten Angebote in Ihrer Region. Meist sind aber die ersten Einträge bezahlte Anzeigen und müssen nicht zwingend das beste Angebot für Sie sein!
- Bonuszahlungen: Damit die Versorger möglichst weit oben landen, muss der Gesamtpreis für den Strom- oder Gasvertrag möglichst gering sein. Das erreichen sie durch die Gewährung eines Neukundenbonus, der im ersten Jahr gezahlt wird. Optisch drückt das den Gesamtpreis – aber eben nur für das erste Jahr. Nach Ablauf der 12 Monate zahlen Sie drauf, wenn Sie nicht kündigen.

ÖKOSTROM

Noch nie war Klimaschutz so wichtig wie in diesen Zeiten. Das öffentliche Bewusstsein hat sich hier stark zugunsten einer nachhaltigen Lebensweise verändert. Das sehen wir in vielen Lebensbereichen. Der Abverkauf ökologisch hergestellter Lebensmittel ist in den letzten Jahren enorm gestiegen. Gleiches gilt für das Abschließen von Versorgungsverträgen im Strommarkt mit Öko-Anbietern.

Wer sich aktiv für den Klimaschutz engagieren möchte, hat in den letzten Jahren vielleicht auf Energieversorger gesetzt, die Strom aus erneuerbaren Energieträgern verkaufen. Wenn Sie glauben, dass hier immer alles mit rechten Dingen zugeht, muss ich Sie jedoch leider enttäuschen. Leider gibt es für die Energieversorger viele Optionen, sich mit »öko« zu schmücken, auch wenn die Wahrheit ganz anders aussieht.

Wenn Sie heute nach Ökostrom suchen, landen Sie auch schnell bei den großen Energieversorgern. Vielleicht fragen Sie sich dann auch: Wie können die Strom aus erneuerbaren Energien anbieten? Denn wenn wir uns die Definition von Ökostrom anschauen, dann ist eines schnell klar: Ökostrom muss zu 100 Prozent aus erneuerbaren Energien stammen. Also entweder aus Wind- oder Solaranlagen oder aus Wasserkraftwerken. Wo »öko« drauf steht, wird auch »öko« drin sein. Das ist natürlich die Erwartungshaltung von uns Verbraucher*innen. Und das nutzen dann doch eine Menge Energiekonzerne, um uns am Ende zwar Ökostrom zu verkaufen – drin ist aber ein Mix aus Kohle, Atom und eben Strom aus erneuerbaren Energien. Aber wie geht das? Wieso dürfen die mit »öko« werben?

Das liegt daran, dass für die Versorger die Möglichkeit besteht, sich Öko-Zertifikate am Markt zu kaufen und dies dann an die Kunden weiterzugeben. So können Sie als Kunde dann offiziell Strom beispielsweise aus Norwegen beziehen. Dort wird fast der gesamte Strom aus erneuerbaren Energien erzeugt. Mit diesem Label lässt sich dann auch der Strom, den Sie beziehen – selbst wenn er aus einem Energie-Mix besteht – mit einem Ökolabel versehen.

Aber es gibt die echten Ökostrom-Anbieter, die dafür sorgen, dass die Einnahmen in den Ausbau erneuerbarer Energien IN DEUTSCHLAND gesteckt werden. Sie können diese leicht an verschiedenen geprüften Labels erkennen:

- Grüner Strom-Label
- ok-power-Siegel

Unternehmen, die diese Label tragen, verpflichten sich, sich nicht an Atom- oder Kohlekraftwerken zu beteiligen und den Großteil ihrer Einnahmen in Öko-Kraftwerke zu investieren. Beim ok-power-Siegel beispielsweise müssen 100 Prozent der erzeugten Energien aus erneuerbaren Anlagen kommen. Von den verkauften Kilowattstunden müssen je 0,3 Cent in einen Fördertopf wandern, aus dem innovative Energieprojekte finanziert werden.

URLAUB UND REISEN

Nach zwei Jahren Pandemie hat 2022 wieder neue Lust aufs Reisen gemacht. Wir haben das Ergebnis an den europäischen Flughäfen gesehen. In den Sommermonaten herrschte vielerorts das völlige Chaos. Die plötzlich gestiegene Nachfrage nach Flügen passte nicht mehr zur Personalsituation. In der Pandemie wurde an Flughäfen und bei den Fluggesellschaften massiv Personal abgebaut. Die nicht mehr vorhandenen Kapazitäten konnten aber nicht mehr so schnell ausgeglichen werden.

Die Folge waren stundenlange Wartezeiten an den Check-in-Schaltern oder Sicherheitskontrollen, Tausende gestrichene oder verspätete Flüge und Kofferchaos an den Flughäfen. Ärger war für Hunderttausende Fluggäste vorprogrammiert. Diese ganze Situation haben einige Fluggesellschaften leider auch noch ausgenutzt …

Uns stehen umfangreiche Rechte zu, wenn bei einem Flug etwas nicht so läuft, wie erwartet. Aber glauben Sie, die Airlines weisen darauf netterweise hin? Vermutlich stapeln sich noch immer Tausende Beschwerden und Fälle bei der Schlichtungsstelle oder bei Mitarbeitern von einem der vielen Anbieter, die sich um stornierte oder verspätete Flüge kümmern. Auch wenn der Urlaub vielleicht schon Monate zurückliegt, ist der Ärger immer noch nicht verflogen.

ÄRGER MIT DER AIRLINE

Flug verspätet

Flugverspätungen waren nicht nur in der Pandemie ein Dauerproblem der Fluggesellschaften. Schon in den Jahren zuvor gab es immer wieder Probleme. In den Jahren von 2014 bis 2019 verdoppelte sich die Zahl der unpünktlichen Flüge.

Der zunehmende Luftverkehr, die Expansion der Billig-Airlines mit ihren streng getakteten Bodenkontakten und sicher auch Personalmangel sorgt immer wieder dafür, dass Flüge zu spät starten bzw. verspätet am Zielort ankommen. An den Flughäfen in Deutschland sind im Juli 2022 nicht einmal die Hälfte der Flüge planmäßig gestartet oder gelandet. Besonders dramatisch war die Situation an den zwei größten deutschen Flughäfen in Frankfurt/Main und München. Dort war überhaupt nur jeder vierte Flug pünktlich. Trotzdem stiegen die Preise für Flugtickets deutlich schneller als die allgemeine Teuerungsrate. Die traurige neue Wirklichkeit für Reisende: mehr Unzuverlässigkeit zum höheren Preis.

Was viele Airlines eher flüsternd kommunizieren: Sie als Fluggast müssen sich das nicht gefallen lassen! Sie haben umfangreiche Rechte und müssen Verspätungen, Annullierungen etc. nicht einfach so hinnehmen. Dafür gibt es die EU-Fluggastrechteverordnung, die die Rechte von uns Reisenden gestärkt hat. Wenn Ihr Flugzeug in der EU gestartet oder in der EU gelandet ist und die Fluggesellschaft ihren Sitz in der EU hat, stehen Ihnen bei Verspätungen oder Ausfällen bis zu 600 Euro pro Person zu, folgendermaßen gestaffelt:

- auf der Kurzstrecke (bis 1500 km): 250 Euro pro Person
- auf der Mittelstrecke (1500–3500 km): 400 Euro pro Person
- auf der Langstrecke (ab 3500 km): 600 Euro pro Person

Diese Entschädigungen stehen Ihnen zu, sobald Ihr Flug mindestens drei Stunden zu spät am Zielort ankommt. Gerechnet wird bei Ankunft der Moment, in dem die Kabinentür geöffnet wird. War Ihr Flug in dem oben beschriebenen Maß verspätet, so schreiben Sie die Fluggesellschaft an und fordern diese auf, die Entschädigung auszuzahlen.

Wird Ihr Flug gänzlich gestrichen, so haben Sie in der Regel Anspruch auf eine Ersatzbeförderung. Eine Entschädigung wie oben beschrieben erhalten Sie zusätzlich, wenn die Fluggesellschaft Sie weniger als 14 Tage vorher über die Annullierung informiert hat.

Den Anspruch durchzusetzen, kann leider manchmal sehr nerven- und zeitaufreibend sein. Wenn Sie es bequem möchten, können Sie diese Aufgabe Fluggastportalen übertragen, die gegen eine Provision von rund 24 bis 40 Prozent Ihre Forderungen durchsetzen.

Koffer verloren

Ich erinnere mich noch sehr gut an die Bilder und Videos von vielen europäischen Flughäfen im Sommer 2022: Hunderte Koffer stapelten sich in den Ankunftshallen. Bei diesem Chaos würde es mich nicht wundern, wenn auch mehr Koffer beschädigt wurden oder verloren gingen als üblich. Leider kommt das auch im Regelbetrieb immer wieder vor.

Aber auch hier verschweigen die Fluggesellschaften gern, dass Sie einen Anspruch auf Entschädigung haben. Hierfür gibt es das »Montrealer Abkommen«. Die Airlines haben sich darin auf Regeln für Entschädigungen im Falle von Kofferbeschädigungen und -verlust geeinigt. Sollte Ihr Koffer nicht ankommen, stehen Ihnen als Entschädigung maximal ca. 1500 Euro je Koffer zu.

ÄRGER MIT BUS & BAHN: IHRE RECHTE

Das Jahr 2022 konfrontierte uns mit drastisch steigenden Strom- und Gaskosten, Diesel- und Benzinpreise an der Tankstelle stiegen auf ein Niveau, das es so in Deutschland nie zuvor gegeben hatte. Auf der anderen Seite strickte die Bundesregierung 2022 ein Entlastungspaket, das unter anderem viele neue Kundinnen und Kunden in den ÖPNV spülte. Mit dem 9-Euro-Ticket, das drei Monate lang ermöglichte, den gesamten Nah- und Regionalverkehr deutschlandweit zu nutzen, fanden sich schnell neue Fans der Bahn. Andererseits lernten auch viele schnell kennen, was beim Bahnfahren so alles schief gehen kann.

Durch den enormen Andrang und den hohen Krankenstand beim Bahnpersonal kam es natürlich zu Verspätungen und Zugausfällen. Doch auch hier müssen Sie sich nicht alles gefallen lassen! Haben Sie ein Bahnticket gekauft – egal ob als 9-Euro-Ticket, zum Supersparpreis oder als teures Flex-Ticket – haben Sie den Anspruch und auch das Recht, pünktlich am Zielort anzukommen. Passiert das nicht, muss die Bahn Ihnen eine Entschädigung zahlen.

Zum Glück gibt es hier seit einigen Jahren ein sehr klares Regelwerk:

- Ab 60 Minuten Verspätung muss die Bahn 25 Prozent des Ticketpreises erstatten, ab zwei Stunden Verspätung sind es 50 Prozent des Ticketpreises.
- Bei angekündigten Verspätungen über 20 Minuten dürfen Sie einen anderen Zug nutzen, auch wenn Sie ein zuggebundenes Ticket haben. Sollte das Ticket teurer sein, so müssen Sie den Mehrpreis erst auslegen und erhalten im Nachgang diese Differenz zum bereits bezahlten Ticket erstattet.

Während man noch vor einiger Zeit das Fahrgastrechte-Formular vom Zugpersonal ausgehändigt bekommen und anschließend per Post einsenden musste, ist die Entschädigung jetzt in vielen Fällen komfortabel und einfach online zu beantragen. Auf jeden Fall, wenn das Zugticket über das »Meine Bahn«-Kundenkonto online oder mobil im DB-Navigator gekauft wurde. Einfach unter den Buchungen die entsprechende Reise auswählen. Dann sind nur wenige Klicks und Eingaben notwendig, um die Entschädigung zu beantragen.

Sind Sie mit dem Bus unterwegs, gelten andere Regeln. Die entsprechenden Regelungen finden sich in der EU-Verordnung 181/2011 über »Fahrgastrechte im Omnibusverkehr«. Da heißt es, dass die Fahrtstrecke mindestens 250 Kilometer betragen muss. Dann können Sie folgende Erstattungen erhalten:

- Bei einer Verspätung von mehr als 90 Minuten müssen Sie kostenlose Getränke und Snacks erhalten.
- Bei mehr als zwei Stunden Verspätung muss das Unternehmen eine alternative Beförderung organisieren. Alternativ können Sie sich den vollständigen Ticketpreis erstatten lassen.
- Fällt der Bus komplett aus, haben Sie ebenfalls Anspruch auf eine alternative Beförderung. Ist dies nicht möglich, so muss das Busunternehmen die Hotelübernachtung (maximal zwei Nächte) bis maximal 80 Euro/Nacht zahlen.

URLAUBSVERSICHERUNGEN: REISERÜCKTRITT

Gerade in den letzten Jahren hat sich die Reiserücktrittsversicherung sicherlich gut verkauft. Es herrschte viel Unsicherheit bei Urlaubern, ob die gebuchte Reise wirklich stattfindet. Eine entsprechende Rücktrittsversicherung sollte hier eine Absicherung für den Fall der Fälle sein.

Nur leider halten die wenigsten Versicherungen das, was sie auf der Verpackung versprechen. Denn auch wenn sie Reiserücktrittversicherung heißt, bedeutet das nicht, dass Sie als Urlauber*in so ganz ohne Weiteres von Ihrem Reisevertrag zurücktreten können. Das haben sicherlich sehr viele zu spüren bekommen, die auf diese Versicherung gezählt hatten. Denn viele der möglichen Fälle, warum Sie Ihre Reise nicht antreten können, sind leider gar nicht versichert. Dabei erwecken die Versicherungsgesellschaften gern den Anschein, dass so eine Reiserücktrittsversicherung das Rundum-Sorglos-Paket ist. Dem ist leider nicht so!

Bei allen Versicherungen sollten Sie immer zwingend die Versicherungsbedingungen lesen! Ich weiß: Niemand hat da wirklich Lust drauf. Aber das Kleingedruckte heißt ja nicht umsonst so. Das Kleingedruckte soll uns abhalten, alle Bedingungen konkret zu lesen. Im Schadensfall aber werden diese Bedingungen sehr genau ausgelegt. Lesen Sie sich die Bedingungen daher unbedingt durch, dann wissen Sie schon im Voraus sehr genau, in welchen Situationen die Versicherung leistet und wann nicht.

Bei der Reiserücktrittsversicherung ist es leider so, dass im Regelfall nur wichtige und unvorhersehbare Ereignisse abgesichert sind:

- eine schwere, unerwartete Erkrankung – chronische Erkrankungen sind in der Regel ausgeschlossen
- der Tod eines nahen Verwandten
- ein schwerer Unfall
- Arbeitslosigkeit, die nicht absehbar war

Unlust, Terminprobleme, Angst vor dem Reisen, eine Erkältung sind alles keine Fälle, in denen die Versicherung leistet. Hier bleiben Sie auf den Stornokosten für die Reise am Ende sitzen. Auch eine

Viruserkrankung reicht nicht immer aus. Fesselt Sie die Erkrankung aber ans Bett, so müsste die Versicherung leisten. Hier kommt es am Ende immer auf die Schwere der Erkrankung an.

Bevor Sie also der Versicherungsgesellschaft die Beiträge in den Rachen werfen, überlegen Sie sehr genau, für welche Reiserücktrittsfälle Sie wirklich eine Absicherung brauchen. Lesen Sie sich die Versicherungsbedingungen sehr genau durch!

Aus meiner Sicht durchaus interessant: Einige Reiseveranstalter bieten aktuell flexiblere Tarife an, die Ihnen auch eine kostenlose Stornierung des Urlaubs bis 14 Tage vor Abflug ermöglichen!

AUTO

Knapp 60 Millionen PKW sind in Deutschland zugelassen. Wir Deutsche lieben unsere Autos. Das können wir besonders am Wochenende an den Tankstellen und SB-Waschanlagen beobachten, wenn die Autos geputzt, ausgesaugt und gewienert werden. Ja, unser Auto will gepflegt sein!

Die Liebe zum Auto hat jedoch im Jahr 2022 extrem gelitten. Die Kraftstoffpreise erreichten da neue Höchststände. Diesel kostete schnell 2 Euro den Liter, für Benzin waren in der Spitze teilweise 1,90 Euro zu zahlen. Aber nicht nur beim Thema Tanken gab es schlechte Gefühle für das Auto. Aufgrund verzögerter Lieferketten und immer wieder ausgefallener Produktionskapazitäten brach auch der Markt für Neuwagen an vielen Stellen zusammen. Fahrzeuge werden zwar am Ende des Tages in einer Fabrik zusammengeschraubt, aber die Einzelteile dafür kommen aus aller Herren Länder – natürlich, um Geld zu sparen –, meist aus Billiglohnländern wie China, Mexico, Indien. Auch in Osteuropa stehen viele Fabriken, die Fahrzeugteile produzieren. So kommen die Plastikteile im Innenraum eines Autos beispielsweise aus China und die Kabelbäume aus der Ukraine. Im Zuge der Corona-Pandemie und mit

Ausbruch des Ukraine-Kriegs fiel eben nicht nur an vielen Standorten die Produktion aus, auch der Transport der Einzelteile via Zug, Flugzeug oder Schiff war weltweit gestört. Und das hatte natürlich seine Auswirkungen auf den Automarkt.

ABZOCKE MIT GEBRAUCHTWAGEN

Die Wartezeiten für ein neues Auto lagen deshalb 2022 auch schnell bei 6, 9 oder gar 12 Monaten, je nach Marke. So lange mussten Käufer*innen wohl noch nie auf ein neues Auto warten. Damit entstand auch wieder etwas, was wir in der Form Anfang der 90er Jahre – also kurz nach der Wiedervereinigung – beobachten konnten: Der Markt für Gebrauchtwagen war auf einmal wieder sehr attraktiv. Händler wie private Verkäufer*innen konnten hier aufgrund der gestiegenen Nachfrage die Preise deutlich anheben. Für fast jedes Auto – der Zustand war anscheinend oft fast egal – fand sich ein Interessent. Leider haben das auch einige genutzt, um ihre schon lange erprobten Betrugsmaschen auf ein neues Level zu heben. Gerade beim Gebrauchtwagenkauf wird gern mal getrickst und verschleiert.

Gestohlene Autos

Eine Masche, vor der die Polizei regelmäßig warnt: Alles fängt im Internet an mit einer wirklich tollen Anzeige für einen Gebrauchten. Es ist genau der Wagen, den Sie suchen und das zu einem unschlagbaren Preis. Schnell ist die Anfrage raus, schnell meldet sich der Verkäufer bei Ihnen zurück und vereinbart einen Besichtigungs- und Kauftermin. Die Masche läuft im Regelfall immer gleich ab: Angekommen am vereinbarten Ort steht zwar der vermeintliche Verkäufer, aber das zu kaufende Auto nicht. Das »verspätet« sich aus welchen Gründen auch immer ein wenig. Irgendwann taucht es dann doch auf. Die Daten stimmen, der Wagen sieht aus, wie in der Anzeige versprochen. Und Sie und der Verkäufer werden sich handelseinig. Kaufvertrag unterschrieben, Papiere ausgehändigt und das Geld übergeben. So schnell geht der Autokauf heute. Das böse Erwachen kommt wenig später. Und zwar auf der Zulassungsstelle. Denn dort erfahren Sie: Auto und Papiere sind gestohlen, der Wagen wird natürlich eingezogen. Denn das ist im deutschen

Recht so: An gestohlenen Sachen kann man – auch gutgläubig – kein Eigentum erwerben. Und wo ist Ihr Geld? Mit den Betrügern über alle Berge. Und leider sind die Abzocker natürlich nicht mehr zu finden und das Geld bleibt verschwunden. Aber wie konnte das sein? Wieso hatten die Betrüger echte Papiere für das gestohlene Auto? Die Papiere waren echt. Also zumindest in der Blanko-Version. Denn diese wurden bei einem Einbruch in die Zulassungsstelle geklaut. So kamen die Betrüger an echte Blanko-Zulassungsbescheinigungen, die sie einfach mit den Daten des gestohlenen Fahrzeugs füllen. Für den Käufer sieht dann alles echt aus.

Was es nicht gibt, kann man nicht kaufen

Es gibt auch Betrugsmaschen, bei denen das Auto gar nicht erst existiert. Auch hier stolpern Sie im Netz über eine Anzeige für einen Gebrauchtwagen. Eine ganze Galerie voller Bilder zeigt Ihnen den Wagen in allen wichtigen Ansichten. Auch der Preis ist marktüblich und lässt zumindest nicht den Verdacht entstehen, dass es sich hier um ein Lockangebot handelt. Schnell ist mit dem Verkäufer Kontakt aufgenommen und Sie werden sich online meist schnell handelseinig. Sie haben es sogar geschafft, den Preis noch etwas zu drücken. Die Freude darüber ist natürlich groß. Weil Sie aber einen so guten Preis ausgehandelt haben, will der Verkäufer auch Sicherheit. Er möchte zumindest eine Anzahlung, um den Wagen für Sie zu reservieren. Damit Sie sich ebenfalls sicher fühlen, schickt er Ihnen ein Foto von seinem Personalausweis. So können Sie doch eigentlich sehr sicher sein, dass der Verkäufer wirklich existiert. Sie ahnen es schon: Nachdem Sie die Anzahlung überwiesen haben, ist vom Verkäufer nichts mehr zu hören. Weder antwortet er auf Ihre E-Mails noch erreichen Sie ihn telefonisch. Er ist weg und damit auch Ihre Anzahlung. Und der Personalausweis war natürlich gefälscht bzw. gestohlen.

Der importierte Wagen

Wenn Sie sich mit dem Kauf eines KFZ beschäftigen, dann sind Sie garantiert auch schon auf Importautos gestoßen. Eine Zeitlang war das der Spartipp schlechthin: seinen Neuwagen beispielsweise nicht in

Deutschland zu kaufen, sondern über einen Händler als »EU-Import« aus Nachbarländern viel günstiger zu bestellen. Eine durchaus seriöse Methode, um locker mal bis zu 15 Prozent beim Kaufpreis zu sparen. Dieser legale Kniff, durch ein importiertes Auto Geld zu sparen, wird inzwischen leider auch gern von Betrügern genutzt. Oft finden sich zum Beispiel auf den bekannten Autoportalen gebrauchte US-Importe. Tolle Schlitten zu angemessenen Preisen. Die Wagen stehen bei deutschen Händlern, die diese nach eigenen Angaben »in großem Stil« einkaufen und verschiffen lassen. Die massenhafte Abnahme garantiert dann auch einen guten Preis. Was die Hochglanzbilder in den Online-Anzeigen leider verschweigen: Viele dieser US-Importe sind Fahrzeuge mit gravierenden Mängeln, teilweise sind das Fahrzeuge, die nach einem Unfall als Totalschaden wirtschaftlich komplett abgeschrieben worden sind. Auf Auktionen in den USA werden diese Fahrzeuge dann an Bastler zum Auseinandernehmen für wenig Geld verscherbelt. Leider hat sich hier für Betrüger ein neuer Markt aufgetan. Im großen Stil werden diese Autos gekauft und dann in Osteuropa – oft in Litauen – wieder aufgemöbelt. Am Ende sieht das Wrack wie jeder andere gut gepflegte Gebrauchtwagen aus. Nur dass das Fahren in vielen Fällen lebensgefährlich ist. Nach Schätzungen von Behörden fahren Hunderttausende Unfallwagen auf deutschen Straßen, bei denen die Besitzer nicht wissen, dass ihr Auto mal einen heftigen Schaden hatte.

Wenn Sie unabsichtlich einen Unfallwagen gekauft haben – was Sie hoffentlich nicht erst durch einen eigenen Unfall erfahren –, liegt eine arglistige Täuschung des Verkäufers vor. Diese muss allerdings von Ihnen als Käufer nachgewiesen werden, wenn Sie Ihr Geld zurückhaben möchten. Und das geht meist nur mit Hilfe eines Sachverständigengutachtens. Und außerdem bei Privatkäufen auch nur, wenn Sie eine explizite Zusage der Unfallfreiheit des Wagens bekommen haben, am besten schriftlich. Das allerdings ist sehr selten der Fall.

Stichwort versteckte Mängel

Wenn Sie einen Gebrauchten kaufen, dann wollen Sie natürlich ganz genau wissen, welche Historie hier vorliegt. Wer waren die Vorbesitzer? Wie wurde der Wagen gefahren? Welche Unfälle gab es und welche

Schäden sind bekannt? Einem seriösen Händler ist natürlich daran gelegen, Ihnen vollumfänglich die Wahrheit zu sagen. Das macht rein strafrechtlich natürlich auch Sinn, denn Mängel am Fahrzeug müssen transparent benannt werden. Verschweigt der Verkäufer ihm bekannte Mängel, haftet er rein rechtlich für alle folgenden Schäden. In der Praxis ist das aber leider nicht so leicht nachweisbar.

Ich selber bin vor vielen Jahren mal reingefallen. Ich fand bei einem Gebrauchtwagenhändler in der Nähe einen schon einige Jahre alten sportlichen roten Flitzer. Alles passte. Der Kilometerstand. Der Wagen hatte keine offensichtlichen Mängel. Natürlich gab es Abnutzungserscheinungen. Aber da das Auto schon acht Jahre alt war, habe ich mit nichts anderem gerechnet. Der gewünschte Kaufpreis war um die 5000 Euro. Am Ende einigten wir uns auf 4500 Euro. Und so fuhr ich mit dem gerade auch TÜV-geprüften Auto vom Hof, um nur eine Woche später auf der Stadtautobahn mit dem Auto liegen zu bleiben. Motorschaden durch gerissenen Keilriemen. Es war nicht nur ein peinlicher Moment, mitten im Berufsverkehr die rechte Spur der Stadtautobahn zu blockieren. Schlimm war, dass ich keine Chance hatte, mein Geld wiederzusehen. Die Reparaturkosten hätten sich auf 4000 Euro summiert. Ein wirtschaftlicher Totalschaden. Und der Keilriemen war als Verschleißteil quasi mein Pech. Dem Händler konnte ich nichts nachweisen und mein investiertes Geld war futsch! Mein Learning aus dieser Situation war natürlich: Wenn ein Gebrauchtwagen, dann noch vor dem Kauf fix beim TÜV oder der DEKRA vorbeifahren und einen Gebrauchtwagencheck durchführen lassen. Das kostet wenig Geld und bietet dann eine große Sicherheit, beim Gebrauchtwagenkauf nicht doch über den Tisch gezogen zu werden.

Stichwort Tachomanipulation

Wenn Sie heute einen Gebrauchtwagen kaufen, dann schauen Sie sicherlich auch auf eine Zahl, die viel über den Zustand aussagen kann: der Tachostand. Ganz klar, je länger das Auto gelaufen ist, desto größer wird der Verschleiß sein. Und ebenso klar, dass wir Verbraucher*innen immer ein Auto suchen, das eine geringe Laufleistung hat. Das wissen auch die Händler*innen und die schwarzen Schafe unter ihnen drehen dann gern mal an der Kilometer-Uhr. Laut Schätzungen der Polizei ist jedes dritte gebrauchte Auto am Tacho manipuliert worden.

Leider ist das nicht nur bei älteren Modellen so leicht möglich. Auch die neuen Fahrzeuge sind manipulierbar. Entsprechende Dienstleister kassieren für diese Tachomanipulation je nach Modell und Aufwand zwischen 50 und 200 Euro. Die Wertsteigerung nach der Manipulation dagegen ist enorm. Der ADAC schätzt, dass auf diese Weise jedes Jahr ein Gesamtschaden von rund 6 Milliarden Euro in Deutschland entsteht. Geld, das Ihnen aus der Tasche gezogen wird!

Nun ist es für Laien eben nicht auf den ersten Blick erkennbar, ob am Tacho gedreht wurde. Aber mit dem Wissen, dass hier wohl bei jedem dritten Auto die Daten nicht stimmen, sollten Sie sehr misstrauisch beim Gebrauchtwagenkauf sein:

- Checken Sie alle Unterlagen zum Fahrzeug: Serviceheft, HU-Prüfberichte, Werkstattrechnungen. Auf allen finden Sie immer den aktuellen Kilometerstand verzeichnet. Ist die Entwicklung realistisch? Im Regelfall können Sie das aus diesen Dokumenten gut ablesen.
- Nehmen Sie Kontakt mit dem Vorbesitzer auf. Sie finden dazu ja Informationen in der Zulassungsbescheinigung. Den alten Besitzer mal anzusprechen, mit welchem Kilometerstand er sich vom Auto getrennt hat, fördert manchmal Erstaunliches zutage.

Seit 2021 gibt es ein privates Unternehmen, das Auto-Lebensläufe inklusive Kilometerstand zertifiziert (www.carcert.net). Mit diesem online erstellten Zertifikat sind sie meistens auf der sicheren Seite.

ABZOCKE IN DER WERKSTATT

Ich hasse Werkstatttermine. Einzig deshalb, weil ich leider keine Ahnung von Autos und deren Innenleben habe. Ich fahre gern Auto. Und ich verstehe natürlich auch in Grundzügen, wie der ganze Spaß technisch funktioniert. Aber seitdem in Autos mehr Chips verbaut sind als in meinem Laptop, an dem ich hier gerade sitze, bin ich raus.

Und deshalb fahre ich auch nicht gern in die Autowerkstatt. 70 Prozent – ach, bin ich ehrlich – 95 Prozent der Dinge, die mir die KFZ-Experten da erklären, verstehe ich nicht. Und ich weiß: Ich bin damit nicht allein. Wenn Sie Ihr Auto in der Werkstatt abgeben, vertrauen Sie natürlich darauf, dass nur das gemacht wird, was Sie beauftragt haben und was (eventuell darüber hinaus) nötig ist. Dass die Werkstatt Ihnen transparent und ehrlich sagt, was Sache ist.

Nur leider ist das nicht die Realität. Mit der Unwissenheit von Autofahrer*innen lassen sich gute Geschäfte machen. Da werden z. B. Teile ausgetauscht, die noch in Ordnung sind. Ganz dreiste Abzocker stellen Teile sogar in Rechnung, obwohl sie nicht ausgetauscht worden sind. Automechaniker sind an vielen Stellen Verkäufer geworden und müssen aus dem Auftrag das meiste für ihr Unternehmen rausholen. Leider oft zu Lasten von uns Verbraucher*innen.

Aber was können Sie und ich gegen die Abzocke in Werkstätten tun? Machen Sie es wie beim Arzt: Holen Sie sich eine Zweitmeinung ein. Die Werkstatt ruft Sie bei der routinemäßigen Inspektion an, weil man einen größeren Mangel entdeckt hat? Lassen Sie das erst mal so wie es ist, bringen Sie den Wagen zu einer unabhängigen Stelle und lassen Sie dort prüfen, ob dieser Mangel wirklich besteht.

Ich selbst hatte eine solche Situation kürzlich erst bei der fälligen Inspektion meines Autos. Der Anruf kam am Mittag: »Herr Perduss, Ihre Bremsen sind runter. Wenig gefahren wahrscheinlich. Da hat sich Rost angesetzt. So kommt der Wagen nicht durch die Hauptuntersuchung. Kostet 1300 Euro, um das alles auszutauschen.«

Die Erwartungshaltung war sicherlich, dass ich der Reparatur zustimme. Das habe ich nicht getan. Ich habe den Wagen noch am selben Tag abgeholt, bin ein paar Runden gefahren, habe mal wieder mehr gebremst, um den Rost zu entfernen und war dann mit meinem Auto eine Woche später beim TÜV. Siehe da: Bremsen in Ordnung, keine Handlung notwendig.

Wenn Sie dennoch das ungute Gefühl haben, dass Sie in der Werkstatt abgezogen wurden: Es gibt die KFZ-Schiedsstellen, die solche Fälle ganz genau anschauen. Das ist übrigens ganz kostenlos für Sie!

TANKEN

»Tanken«. Für viele sicher das Unwort der Zeit. Nie war das Tanken teurer. Da konnte auch der Tankrabatt nicht wirklich helfen, der einige Monate im Sommer 2022 die Preise an der Zapfsäule stabilisieren sollte. Was mich aber in diesem Jahr besonders aufgeregt hat, waren die Gewinnprognosen der Mineralölkonzerne. Die großen Unternehmen haben Milliarden verdient. Da kann doch etwas im System nicht stimmen?! Leider war das auch vor dem Krisenjahr nicht anders. Mit Kraftstoffen lässt sich gutes Geld verdienen. Und dabei ist es nicht so, dass der Tankstellenpächter groß daran partizipiert. Bei ihm bleiben nur wenige Cent Marge je Liter in der Kasse. Fragen Sie sich mal, warum an der Tankstelle mittlerweile fast schon kleine Supermärkte entstanden sind. Das große Geld beim Kraftstoff kassieren die wenigsten Konzerne hinter den Tankstellen.

Hier wird das Geld verdient – nicht mit Benzin oder Diesel. Es gibt aber Optionen, beim Tanken zu sparen und der Abzocke Einhalt zu gebieten. Die Preise – das ist Ihnen bestimmt auch schon aufgefallen – schwanken über den Tag. Und das sogar extremer, als Ihnen vielleicht bewusst ist. Preisunterschiede von 10 bis 12 Cent je Liter sind eigentlich keine Seltenheit mehr. Das bedeutet aber auch, dass Sie schnell 5 Euro mehr oder weniger für einen vollen Tank zahlen, je nachdem welcher Preis nun gerade an der Tankstelle gilt.

Das Gute für uns Verbraucher*innen ist, dass seit 2013 alle Tankstellen deutschlandweit verpflichtet sind, ihre Preise – sekundengenau – an die Markttransparenzstelle zu übermitteln. Diese Daten werden wiederum Unternehmen zur Verfügung gestellt, die diese aufbereitet an uns weitergeben.

Sie kennen die entsprechenden Apps sicherlich, in denen Sie die Preise in Ihrer Umgebung angezeigt bekommen. Der weitere Vorteil dieser Datensammlung ist, dass sich Muster der Preisgestaltung erkennen lassen.

So gilt aktuell: Morgens ist Tanken am teuersten, abends am günstigsten. Wer auf dem Weg zur Arbeit an der Tankstelle hält, der ist dann selbst schuld, wenn er sich hier über den Tisch ziehen lässt. Tanken Sie niemals zwischen 7 und 9 Uhr! Wirklich. Sie zahlen drauf. Und schenken den Öl-Multis Ihr hart erarbeitetes Geld. Nach den aktuellen Zahlen und Daten ist der beste Zeitpunkt fürs Volltanken abends zwischen 18 und 20 Uhr.

KAPITEL 3

BANKEN & VERSICHERUNGEN

Es war der 3. August 1992. Ein wirklich aufregender Tag für mich. Der Tag, an dem sich mein Leben komplett verändern sollte.

Ich bin sehr früh aufgestanden, weil ich nicht schlafen konnte. Ich habe mich in einen seinerzeit schönen bordeauxfarbenen Anzug gesteckt, braune Schuhe, ein weißes Hemd mit bunter Krawatte, dazu eine schwarze Aktentasche. Es war der erste Tag als Bankkaufmann-Auszubildender! Ich werde diesen Tag nicht vergessen. Ich habe schon als Kind davon geträumt, irgendetwas mit Geld zu machen und so sollte diese Ausbildung genau das sein, was ich beruflich immer machen wollte. Nach einigen Tagen einer Einführung in der Zentrale dieser (Berliner) Bank ging es los. Ich durfte in »meine« Filiale.

Die befand sich im ehemaligen Arbeiterbezirk Berlin-Wedding. Hier sollte ich die nächsten drei Jahre meiner Ausbildung verbringen. All das lernen, was man als Banker wissen musste. Was Sparanlagen sind, wie Kredite funktionieren, wie an der Börse mit Aktien gehandelt wird. Alles im Sinne unserer Kunden natürlich. Alles zum Vorteil unserer Kunden.

Nun, die Realität hatte mich dann doch schnell eingeholt. Nicht immer ging es darum, für den Kunden das Beste zu wollen. Das musste ich sehr schnell feststellen. In den ersten Monaten saß ich bei Kundengesprächen immer brav und still neben den erfahrenen Mitarbeitern und Mitarbeiterinnen. Ich sollte zuhören und lernen. Das macht ja auch gerade in der Anfangszeit total Sinn. Welcher Kunde möchte schon seine sensiblen Geldgeschäfte in die Hände eines Auszubildenden legen. Ich hatte in diesen Gesprächen oft das Gefühl, dass das Ziel nicht die Kundenzufriedenheit war, sondern vielmehr die Zufriedenheit des Filialleiters im Fokus stand. Der machte nämlich oft genug im Mitarbeiterkreis darauf aufmerksam, wie die Verkaufszahlen sein müssen. Für alle Produkte gab es mehr oder weniger konkrete Vorgaben, wie viel jede Filiale zu verkaufen hatte: wie viele Girokonten, wie viele Kredite, wie hoch das Anlagevolumen bei Sparverträgen sein sollte und wie viele Lebens- oder Rentenversicherungen abgeschlossen werden sollten. So hatte ich eine ältere Kollegin, die mich immer missmutig zum Kundenterminen mitnahm, die eigentlich fast jedem Kunden – egal, was er oder sie eigentlich wollte – einen Bausparvertrag verkaufte. Ich hatte mich zwischenzeitlich – wie es sich für einen aufstrebenden Banker gehört – mit den Produkten ganz gut beschäftigt und die Vor- und Nachteile einschätzen gelernt. Umso mehr wunderte mich, wie viele Menschen mit einem Bausparvertrag unterm Arm wieder aus der Filiale gingen. Irgendwann erfuhr ich den Grund: Es gab eine Provision. Der Bausparvertrag war tatsächlich das einzige Produkt, für das es für Mitarbeiter*innen eine gesonderte Vergütung bei Abschluss gab! Und das hat sich gelohnt. Im Schnitt waren das 100 bis 500 DM. Abhängig davon, wie hoch die Bausparsumme war. Da kam im Monat einiges zusammen. Hier musste ich also das erste Mal bitter lernen, dass vieles im Fokus stand bei der Beratung in meiner Bank – nur der Kunde war es nicht immer. Das war vielleicht keine explizite Vorgabe von »ganz oben«. Aber am Ende dann doch irgendwie. Denn die Verkaufszahlen mussten ja auch stimmen. Ich habe versucht, es besser zu machen. Sofern das ging. Aber ich lernte schnell, dass wir im Verkauf vielen Zwängen unterlagen. Wie oft geriet ich mit Kollegen oder Vorgesetzten aneinander, weil ich nicht im Sinne des Unternehmens verkaufte.

Nach meiner Ausbildung wurde ich übernommen und landete wegen meines Verkaufstalents schnell in der Anlageberatung einer anderen Filiale. Doch häufig mussten wir hier seltsame Produkte verkaufen. Mitte der 90er Jahre waren geschlossene Immobilienfonds sehr angesagt. Dabei wurden Gewerbe- und Wohnobjekte mit Mietgarantien unters Volk gebracht und wir waren angehalten, diese Fonds mit viel Engagement zu verkaufen. Es gab Schulungen und es gab immer wieder Gespräche mit meiner Chefin. Wir haben das im gesamten Haus ganz gut geschafft. Für die Kunden endete es allerdings weniger schön, denn Jahre später taumelte meine Bank durch einen Skandal und musste viele dieser Fonds verlustreich schließen. Ich habe Ende der 90er Jahre noch mal den Sprung gewagt und bin aus dem öffentlich-rechtlichen Finanzinstitut hin zu einer Privatbank. Das Klima dort in der Filiale war super: Alle waren locker drauf, alle sprachen sich mit »du« an. Selbst meinen Chef dufte ich duzen. Das war eine ungewohnte Situation als Banker. Dort, wo eigentlich immer alles so konservativ und steif abläuft. Die

Muttergesellschaft meines neuen Arbeitgebers war eine US-amerikanische Bank. Doch die lockere Stimmung war – das musste ich sehr schnell feststellen – viel Show. Denn der Verkaufsdruck war hier noch um ein Vielfaches höher als in meiner alten Bank. Hier wurde sogar sehr offen darüber gesprochen, wie wir Mitarbeiter den Kunden noch mehr Geld aus der Tasche ziehen können. Am beliebtesten war die Schuldenfalle. Wir haben permanent Kunden angeschrieben, die tief im Dispo steckten, um ihnen eine Umschuldung anzubieten – also einen Ratenkredit, der den vermeintlich teuren Dispo ablösen sollte. Doch die Konditionen waren heftig. Der Kredit deutlich teurer als bei den Wettbewerbern. Dafür gab es aber auch nicht so große Ansprüche bei der Bonität der Kunden. Konnte man bei meiner alten Bank als Paar maximal das Sechsfache des Nettoeinkommens als Kredit aufnehmen, so waren es bei der privaten Bank auch schnell das 12-fache! Was aber die eigentliche perfide Gelddruck-Masche war: Der Dispokredit wurde nach der Umschuldung nicht gelöscht. So dass der konsumgeprägte Kunde wieder ins Minus rutschte und die nächste Umschuldung anstand. Damit wurden aus ein paar tausend Mark schnell 20-, 30- oder 40 000 DM Schulden inklusive Zins und Zinseszins. Und die Bank nahm es auch in Kauf, dass ein Teil der Kredite irgendwann nicht mehr bedient wurde. Die hohen Zinsen der rückzahlenden Kunden glichen das mehr als aus. Und was auch wichtig war: Jeder dieser Kunden musste noch mit einer Versicherung das Haus verlassen. Ob Lebens- oder Rentenversicherung, das war egal. Hauptsache die Verkaufsstatistik für Versicherungsprodukte stimmte! Die hing auch gut sichtbar für alle Mitarbeiter*innen in der Teeküche. Mich hat das alles frustriert zurückgelassen und so habe ich nach nur drei Monaten hingeschmissen und meinen Job als Banker an den Nagel gehängt. Für immer! Ich war enttäuscht, frustriert und desillusioniert.

Ich habe mich dann entschieden, Journalist zu werden. Mir war zwar da noch nicht klar, dass es recht bald in Richtung Verbraucherjournalismus gehen würde. Aber eines wusste ich: In einer Bank wollte ich nie wieder arbeiten.

Bis heute hat sich nicht viel verändert bei den Banken. Ich habe immer noch guten Kontakt zu ehemaligen Kolleginnen und Kollegen und erfahre von diesen, dass der Verkaufsdruck in den letzten Jahren weiter gestiegen ist, aus den Kunden noch mehr rausgeholt werden muss. Und die Banken lassen sich natürlich immer wieder neue, kaum zu durchschauende Produkte einfallen, um uns das Liebste zu nehmen: unser Geld.

Ich möchte daher im Folgenden auf einige Maschen und Methoden näher eingehen. Danach werden Sie besser mit Ihrer Bank kommunizieren können und – das garantiere ich – weniger Geld verlieren!

DIE BERATUNG

Bevor ich zu den einzelnen Produkten komme, die uns Banken und Versicherungen verkaufen, möchte ich zunächst ganz allgemein auf das Thema Beratung durch einen Finanzdienstleister eingehen. Heute, im digitalen Zeitalter, hat sich hier natürlich eine ganze Menge verändert. Als ich in der Bank zu Beginn der 90er Jahre anfing, fand jeglicher Kundenkontakt persönlich statt. Es gab noch kein Online-Banking wie wir es heute kennen. Eine große Revolution war zunächst in den 90er Jahren das Telefonbanking. Ein erster Schritt hin zu einer distanzierteren Geschäftsbeziehung. Aber wollten Sie als Kundin oder Kunde ein Gespräch über einen Kredit oder eine Geldanlage führen, so ging da immer noch kein Weg vorbei an einem Besuch in einer Filiale.

Heute sieht das das ganz anders aus: Die meisten Banken haben sich inzwischen aus Kostengründen entschieden, uns Kunden möglichst aus den Filialen fernzuhalten – sofern es denn überhaupt noch welche gibt. Gerade wenn es um das Alltagsgeschäft geht – um das Girokonto, um Konsumentenkredite – sollen wir doch bitte gern alles online erledigen. Aber natürlich gibt es immer wieder Situationen, in denen wir dann doch auf die Beratung in der Filiale zurückgreifen müssen. Zum vereinbarten Termin sitzen wir ihm oder ihr dann gegenüber: der Bankkauffrau, dem Banker. Und dann beginnt das, was unserem Gegenüber in unzähligen Seminaren antrainiert wurde: das Verkaufen! Ich kann es den Mitarbeitern und Mitarbeiterinnen natürlich nicht vorwerfen. Sie sind angestellt in einem meist privatwirtschaftlich organisierten Unternehmen. Und natürlich steht da im Regelfall die Gewinnmaximierung an oberster Stelle. Ich will nicht jedes Beratungsgespräch verteufeln oder behaupten, dass der Kundenwunsch nie in Betracht gezogen wird. Aber die Wahrscheinlichkeit, dass Sie in diesen Gesprächen übervorteilt oder sogar über den Tisch gezogen werden, ist real vorhanden. Das liegt in der Natur der Sache: Sie sind bei Bank A und natürlich werden Ihnen auch nur die Produkte der Bank A angeboten. Dass es gerade bei Finanzdienstleistungen ein sehr breites Angebot gibt, sollte jedem klar sein. Leider können wir nicht erwarten, dass wir bei unserer Hausbank über alle auf dem Markt vorhandenen Produkte vollumfänglich aufgeklärt werden.

Da es in den letzten Jahrzehnten immer wieder Situationen gab, in denen Hunderte, Tausende oder sogar Zehntausende Anleger*innen auf dubiose Firmen oder Produkte hereingefallen sind, hat sich Geldanlagen betreffend vieles im Verbraucherrecht verändert:

- Ein typisches Anlagegespräch muss sehr umfänglich stattfinden. Die Bank muss von Ihnen sehr detailliert erfragen, welche Erfahrungen Sie haben, welche Anlageziele Sie verfolgen und wie Ihre Einkommens- und Vermögenssituation aussieht.
- Aufgrund dieser Daten wird Ihnen die Bank eine Empfehlung aussprechen – und jetzt kommt der Punkt, der mehr Sicherheit bringt: Dieses Gespräch und auch die Herangehensweise an die Produktempfehlung müssen schriftlich dokumentiert werden.
- Für jede Anlageempfehlung muss Ihnen die Bank eine sogenannte »Geeignetheitserklärung« aushändigen. In dieser muss detailliert dargelegt werden, mit welcher Begründung dieses Produkt empfohlen wurde.

Sie als Kundin/Kunde müssen mit diesen Informationen in der Lage sein, beurteilen zu können, ob das Produkt für Sie passt oder nicht. Lassen Sie sich auf jeden Fall immer eine Kopie dieses Beratungsprotokolls aushändigen und prüfen Sie, ob alle Inhalte dem entsprechen, wie auch Sie das Gespräch wahrgenommen haben. Dieses Dokument ist im Streitfall absolut wichtig und sichert Sie auch im Falle von möglichen

Schadenersatzansprüchen ab. Wichtig: Bestehen Sie darauf, dass alles Besprochene auch verschriftlicht wird. Sie wissen ja: Mündliche Nebenabreden haben keinen Bestand!

Nun lassen Sie uns ganz konkret über die einzelnen Fallen und Abzock-Maschen bei den vielen Produkte, die Banken und Versicherungen anbieten, sprechen. Wir schauen zuerst auf ein Produkt, das Sie garantiert auch schon lange Zeit nutzen. Es ist immer da und in der heutigen Zeit absolut unerlässlich:

DAS GIROKONTO

Nach meinem Start als Auszubildender bei der Bank hat es damals nur wenige Tage gedauert, bis mir schon eingebläut wurde: Das Girokonto ist wirklich nur ein Kostenfaktor. Dieses Konto ist einfach nur die Eintrittskarte in die Welt der Geldanlagen und Kredite, mit denen dann das wirkliche Geld gemacht wird. Das reine Girokonto, eingeführt als Gehaltskonto, auf dem einmal im Monat eine Gutschrift erfolgt und mittels Dauerauftrag Miete, Strom und Telefon bezahlt werden, ist ein absolutes Draufzahl-Produkt. Wenn der Kunde nicht gerade knietief im Dispo steckt, ist das Girokonto für eine Bank ein absolutes Geldvernichtungs-Produkt. Ich kann mich noch dunkel an den Deckungsbeitrag für einige Geschäftsvorfälle erinnern. Da ging es darum, wie hoch die internen Kosten sind – Personal, Strom etc. –, um ein bestimmtes Produkt anbieten zu können. Und aufgrund dieser Zahlen wurde berechnet, dass eine Überweisung (damals noch in Papierform) den Kunden um die 2,50 DM kosteten wird. Da kann man sich schnell ausrechnen, welche Gewinne so ein Girokonto für die Bank oder Sparkasse fabrizierte, wenn der Kunde zehn oder mehr Überweisungen pro Monat verursachte. So war es beim Girokonto immer wichtig, den Kunden hier mit einem guten Angebot erst mal ins Haus zu holen. Das ist auch heute noch so. Das Girokonto ist die Eintrittskarte. Hier muss immer mit dem besten Angebot gelockt werden. Am besten mit einem kostenfreien Girokonto.

Die Idee dahinter ist, dass Kunden auch die anderen Bankprodukte eines Hauses nutzen, wenn sie ihr Girokonto bei dieser Bank haben. Warum sollte man auch mehrere Banken nutzen?! Sobald wir also mit dem normalen Konto »gefangen« sind, geht das muntere Verkaufen los.

Leider fängt das heute auch schon beim Girokonto an: Aus dem kostenlosen Konto wird schnell ein Bezahlkonto. Das haben Sie wahrscheinlich in den letzten Jahren auch erlebt, dass die Banken wegen »gestiegener Kosten« regelmäßig die Kontoführungsgebühren erhöhen. Und das kann sich summieren. Es gibt Banken, die kassieren locker 100 bis 300 Euro im Jahr für ein Girokonto. Zum Glück hat der Bundesgerichtshof einer Masche den Riegel vorgeschoben: der Gebührenerhöhung, ohne dass Sie als Kunde zustimmen. Bisher war es in der Branche üblich, dass die Erhöhung der Kontoführungsgebühren irgendwo veröffentlicht wurde. Manchmal stand es in einer kleinen Zeile auf dem Kontoauszug. Die ein oder andere Bank stellte einfach einen Aufsteller in die Filiale. Die Info wurde zwar gegeben, aber immer mit dem einen Satz: »Wenn Sie sich nicht melden, gehen wir davon aus, dass Sie der Erhöhung zustimmen!« So war es immer und so sollte es, wenn es nach den Banken gegangen wäre, auch für immer bleiben. Im April 2021 entschied aber der Bundesgerichtshof: Alles muss anders werden (Urteil vom 27. April 2021 – XI ZR 26/20). Denn diese gewohnte Praxis benachteilige die Bankkunden. Der Bundesgerichtshof entschied, dass ab sofort der Kunde zustimmen muss. Und zwar explizit. Schweigen gilt nicht als Zustimmung. Wenn wir als Kunden nicht reagieren, ist das kein »Ja«. Ein »Ja« muss unbedingt ausgesprochen werden. Sonst keine Gebührenerhöhung! Gibt es die Zustimmung nicht, hat die Bank allerdings die Möglichkeit, den Vertrag zu kündigen. Es bleibt einem als Kunde dann nur, sich eine neue Bank zu suchen. Die nicht erteilte Zustimmung bedeutet leider nicht, dass das Konto zu alten Konditionen weitergeführt werden muss.

Noch viel härter traf die Banken die weitere Konsequenz aus dem Urteil. Denn es ließ sich ableiten, dass alle Erhöhungen der letzten drei Jahre – eventuell sogar zehn Jahre, je nachdem welche Verjährungsfristen man zugrunde legt – ungültig sind. Der Rat der Verbraucherschützer – und auch meiner nach dem Urteil: Fordern Sie Ihr Geld zurück. Immer wenn Sie den Erhöhungen nicht zugestimmt haben, sollten Sie diese Preiserhöhungen wieder zurückfordern. Das geht vielleicht auch jetzt noch, nachträglich. Informationen dazu bekommen Sie beispielsweise bei den Verbraucherzentralen.

Auch bei allen anderen Änderungen der Geschäftsbedingungen (AGB) sollten Sie stets ein waches Auge draufhaben. Die Banken passen immer wieder gern die Gebühren an. Denn neben der Kontoführungsgebühr stehen da noch weitere Einnahmequellen für die Bank. Entgelte für »weitere Dienstleistungen« sind hier das Stichwort. Da kosten die Papierkontoauszüge mal eben 5 Euro, das Löschen eines Dauerauftrags 3 Euro oder die Kundenkarte 20 Euro im Jahr. Nach dem Urteil des Bundesgerichtshofs hat sich hier aber zumindest etwas für uns Kunden verbessert: Wir müssen nun immer informiert werden und dem Ganzen zuzustimmen. So schafft es Ihre Bank auf jeden Fall nicht mehr, Gebühren zu erhöhen, ohne dass Sie davon erfahren.

Prüfen Sie auf jeden Fall einmal, was Sie für Ihr Konto zahlen und wie viel Ihre Bank Ihnen da jeden Monat vom Konto abzieht. Und ganz wichtig: Fordern Sie zu viel gezahlte Gebühren zurück. Und wenn Sie das Gefühl haben, Ihre Hausbank nimmt Sie nicht so wirklich ernst, dann schauen Sie immer gern nach Alternativen. Der Wechsel zu einer anderen – auch preiswerteren Bank – ist heute so einfach, wie nie. Gesetzlich vorgeschrieben ist, dass die beiden Banken – also die alte und die neue – den gesamten Umzug vornehmen müssen. Ohne dass Sie als Kunde damit Stress haben. Und es gibt auch heute noch viele Banken, die ihre Dienstleistungen (für Privatkunden) für 0 Euro anbieten. Auch wenn es Jahr für Jahr weniger werden.

DER DISPOSITIONSKREDIT

Wenn wir über das Girokonto sprechen, kommen wir nicht drumherum, auch über den Dispositionskredit zu sprechen. Selten gibt es Konten, die nicht automatisch auch mit einer Überziehungslinie eingerichtet sind. Der Banker spricht hier von der genehmigten Überziehung. Der Dispo ist DIE Gelddruckmaschine, wenn es um Erlöse aus dem Girokonto geht. Als ich noch in der Ausbildung steckte, hatten wir gerade eine Hochzinsphase. Für den Dispo fielen locker 16 bis 18 Prozent Zinsen pro Jahr an. Ein unvorstellbarer Zins. Dafür gab es aber auch für den einjährigen Sparvertrag 6 Prozent Zinsen pro Jahr. Wer nun glaubt, dass die Banken die Dispozinsen radikal angepasst hätten, als Anfang der 2010er Jahre die Niedrigzinsphase begann, den muss ich enttäuschen. 10, 12 oder auch 13 Prozent Zinsen pro Jahr konnten für die Überziehung trotzdem noch anfallen. 2022 lag der durchschnittliche Dispo-Zins in Deutschland bei ca. 10 Prozent. Nehmen wir einmal einen Dispo-Kredit von 3000 Euro an und Sie waren ein halbes Jahr damit bis zum Anschlag überzogen, dann sind das mal eben 150 Euro Zinsen. Fast nicht vorstellbar, wenn es zeitgleich gerade mal 0,1 Prozent Zinsen für die Sparanlage gab. Bleiben wir bei der gleichen Summe, so kommen wir für eine Anlage von 3000 Euro bei 6 Monaten gerade mal auf lächerliche 30 Cent Zinsen!

Das Überziehen des Girokontos war und ist schon immer eine Art, Geld zu verdienen, ohne ein großes Risiko eingehen zu müssen. Moderne Wegelagerei würde ich fast sagen. Ein sehr einträgliches Geschäft für Banken, Volksbanken und Sparkassen. Und wenn der Kundenberater es dann noch schafft, aus dem überzogenen Konto einen Ratenkredit zu machen: Jackpot! Denn damit lässt sich noch mal extra Geld verdienen. Das ist die nächste Gelddruckmaschine: die Umschuldung.

UMSCHULDUNG/RATENKREDIT

Wenn Sie schon einmal im Minus waren und das für eine längere Zeit, dann haben Sie vielleicht auch mal eine E-Mail oder einen Brief Ihrer Bank bekommen. Mit dem Angebot, den Dispo doch aus Kostengründen umzuschulden. Macht ja auf den ersten Blick auch Sinn: Der Dispo kostet 10 bis 12 Prozent Zinsen pro Jahr. Den Ratenkredit bei der Bank gibt's vielleicht für 3,99 Prozent im Jahr. Steht zumindest in diesem Brief. Ja – diesen Lock-Zins gibt es sicherlich. Für 1 Prozent der Kunden. Diejenigen mit einer fast schon unrealistischen Bonität. – Das ist ein bisschen so wie bei den Billigfliegern. Die verkaufen ihre Sitzplätze gestaffelt, um mit dem niedrigsten Preis in die Werbung gehen zu können. Zwei Plätze gehen für 10 Euro weg, zehn für 20 Euro, zehn für 50 Euro und dann wird es schrittweise immer teurer. So machen die Banken das auch gern mit den Krediten: »Ab 3,99 Prozent, je nach Bonität«. Da möchte ich gern mal wissen, welche Premium-Kunden diese Traumzinsen wirklich bekommen.

Nun gibt's also das Umschuldungsangebot und es macht durchaus Sinn, weil der Ratenkredit von den Zinsen her günstiger ist. Nur leider bleibt es nicht bei der Umschuldung, sondern es wird gleich noch mal ein neues Produkt mit verkauft, das sich in der Gesamtkreditsumme auch ganz schön niederschlägt.

DIE RESTSCHULDVERSICHERUNG

Mein absolutes Lieblings-Abzockprodukt ist die Restschuldversicherung! Wenn wir einmal auf das Kundenbedürfnis schauen – das ist ja etwas, was immer im Fokus eines jeden Dienstleisters sein sollte – dann ist so eine Versicherung vielleicht kein schlechter Gedanke. Meist geht es hier um die Absicherung von drei Risiken:

- Arbeitslosigkeit
- Krankheit
- Tod

Ein Kredit bedeutet eine Verpflichtung. Es ist eine monatliche Rate zu zahlen, was natürlich voraussetzt, dass auch regelmäßig Einkünfte vorhanden sind. Doch was tun, wenn man als Kreditnehmer seinen Job verliert. Da ist eine Absicherung gegen Arbeitslosigkeit vielleicht keine schlechte Idee. Die Versicherung übernimmt dann die monatlichen Kreditraten – eine Sorge weniger! Bei Krankheit das gleiche Spiel in grün. Eine lange Krankheit, in der vielleicht das Krankengeld der einzige positive Posten auf dem Konto ist, kann einen auch in große finanzielle Schwierigkeiten bringen. Schön, wenn hier eine Versicherung einspringt. Und bei Tod – niemand möchte seiner Familie einen Schuldenberg hinterlassen.

Also das klingt alles sinnvoll, was der Banker da sagt. Zudem sind Sie meist auch irgendwie genötigt, diesen Vertrag zu unterschreiben. Auch wenn das nicht wirklich ausgesprochen wird, kann der Eindruck entstehen, dass der Abschluss der Restschuldversicherung eine Voraussetzung für die positive Bewertung des Kreditantrages ist. Wenn Sie das Gefühl haben, den Kredit gibt's nur mit Versicherung im Doppelpack, so kann ich Sie beruhigen. Dem ist nicht so.

Das Schlimme an der Restschuldversicherung ist nicht ihr Zweck, sondern die Versicherungsprämie. Mir fällt hier leider keine Formulierung ein, die einigermaßen freundlich umschreiben könnte, was ich denke: Diese Prämien sind für mich in den meisten Fällen absolute Abzocke! Eine Kreditsumme über 20 000 Euro, für die dann noch eine Versicherungsprämie von 3000 Euro fällig wird. Das ist leider oft an der Tagesordnung. Die Banken lassen sich den Versicherungsabschluss vergolden. Oft gehört die Versicherungsgesellschaft zum Konzern bzw. es gibt eine enge und sehr ertragreiche Zusammenarbeit.

Wenn Sie heute eine Risikolebensversicherung abschließen wollen, die den Kredit im Todesfall komplett bedient, zahlen Sie vielleicht 10 Euro Beitrag im Monat. Bitte schließen Sie keine Restschuldversicherung ab. Hier gewinnen nicht Sie, sondern zwei andere: die Bank und die Versicherungsgesellschaft. Die Aufsichtsbehörde Bafin hat mal errechnet, dass die Banken ca. 50 Prozent des Beitrags zur Restschuldversicherung als Provision kassieren.

Ich kann Ihnen nur raten, lassen Sie sich keine Restschuldversicherung aufquatschen. Und notfalls stimmen Sie dem Ganzen einfach zu und nutzen im Nachgang die Möglichkeit, den Versicherungsvertrag zu widerrufen (30 Tage Zeit) oder zu kündigen. Letzteres geht meist mit einer Frist von zwei Wochen zum Monatsende. Die Beiträge für die Restlaufzeit muss die Versicherung dann erstatten. Was zugunsten des Kreditkontos erfolgt. Die Bank kann Ihnen weder aus dem Widerruf noch aus der Kündigung einen Strick drehen.

DER RATENKREDIT

Jetzt haben wir schon ein bisschen über den Ratenkredit gesprochen. An dieser Stelle will ich diesen aber noch mal näher betrachten, denn den gibt es ja nicht nur bei Ihrer Hausbank, die Ihnen vielleicht diesen Brief geschickt hat. Den Kredit gibt es in den unterschiedlichsten

Bezeichnungen auch bei Direktbanken, beim Autohaus, im Einzelhandel, online bei FinTechs – also bei Finanztechnologie-Unternehmen, oft Startups, die vielleicht nur Kredite herausgeben. Und überall lauern sie, die Abzock-Fallen!

Das Wichtigste bei jedem Ratenkredit ist immer: Schauen Sie sich genau und sehr kritisch und vor allem ehrlich gegenüber sich selbst an, ob Sie sich das leisten können. Hier eine Rate, da eine Rate. Alles zusammengenommen kann schnell eine große Belastung bedeuten und der Weg in die Schuldenfalle ist schnell gegangen. Wenn Sie einen Ratenkredit benötigen für eine neue Anschaffung oder für die Umschuldung/Ablösung eines bestehenden Dispokredites oder eines anderen, vielleicht teureren Kredites, so vergleichen Sie! Denn auch hier wird gern mal abgezockt. Die Banken kämpfen um jeden Kunden. Die Zinsen unterscheiden sich radikal. Mit langen Laufzeiten wird gern mal die Rate klein gerechnet. Aber klar: Je länger der Kredit läuft, desto teurer wird der Spaß auch. Es gibt Hunderte Angebote auf dem Markt und Ihre Hausbank muss hier nicht das beste Angebot haben. Vergleichen Sie auf jeden Fall immer den effektiven Jahreszins. Das ist der echte Zins, den Sie unter Berücksichtigung aller Kreditkosten zahlen müssen. Und Achtung: Eine angebotene Restschuldversicherung ist hier in der Regel nicht eingerechnet. Das kann also den Kredit nochmals deutlich teurer machen, wie schon vorher in diesem Kapitel beschrieben.

Was mich am meisten ärgert, sind die vielen Lockangebote der Banken. Gern wird mit einem Zinssatz geworben, den die wenigsten Kunden wirklich bekommen. Aber wie immer im Handel, lockt ein günstiger Zinssatz erst mal die Kunden rein in den Laden. Wenn das Verkaufsgespräch dann einmal läuft, ist man selten gewillt, hier noch mal den Stecker zu ziehen.

Es ist hilfreich, sich vor so einer Kreditanfrage einen aktuellen Marktüberblick zu verschaffen: Was kosten Kredite aktuell? Und, genauso wichtig, wie schätzen Sie selbst Ihre Bonität ein?

KREDITE OHNE SCHUFA

Vorsicht vor diesen Krediten, die oft auch als »Schweizer Kredite« angeboten werden. Wenn die Verzweiflung schon groß ist und die Bonität sich verschlechtert hat, ist man vielleicht versucht sich genau diesen Angeboten zu widmen. Finger weg! Hier wartet meist nichts Gutes. Hinter diesen Schufa-freien Krediten stecken eigentlich zwei verschiedene Abzock-Fallen:

Die erste und die, die Sie am häufigsten antreffen werden: Diesen Kredit gibt es gar nicht. Die Aufmachung der Werbung oder das, was sich auf der Webseite des Anbieters findet, klingt alles toll. Aber der Kredit ist dann doch nicht so leicht zu beantragen. Sie müssen da erst mal einen Antrag bestellen, der per Post nach Hause geschickt wird. Natürlich kostet die Bearbeitung des Antrags auch eine kleine Gebühr die – welch Überraschung – vorab überwiesen werden muss. Sie können sich schon denken, dass nach dem Bezahlen nichts mehr von diesem Kreditvermittler zu hören ist. Das Geld ist weg und einen Kredit werden Sie nicht erhalten. Jedes Jahr fallen Tausende Menschen auf diese Masche rein.

Die zweite Masche ist auch nicht weniger dreist: Hier gibt es den Kredit tatsächlich, aber die Konditionen sind jenseits von Gut und Böse. Geworben wird hier mit einem kleinen Zinssatz. Sie finden dann aber oft im Kleingedruckten den Hinweis, dass es sich hier nicht um den Jahres- sondern um den Monatszins handelt. Oder der Kredit läuft über eine Kreditkarte, die mit monatlichen Raten zu Wucherzinsen abgestottert wird. Der Weg in die Schuldenfalle geht dann sehr schnell.

Aus meiner Sicht kann man nur raten: Finger weg von Schufa-freien Krediten oder Krediten, die sich als »Sofort-Hilfe auch bei schwierigen Fällen« oder so ähnlich bezeichnen. Wenn Ihre Hausbank Ihnen keinen Kredit mehr gibt, wird es gute Gründe geben.

FINANZSANIERUNG

Wer sich irgendwann mit seinem Geld überworfen hat, Probleme hat, all seinen Ratenverpflichtungen nachzukommen, der schaut in seiner Verzweiflung nach dem rettenden Strohhalm im Internet. Und findet ihn vermeintlich bei dem Angebot einer Finanzsanierung. Finanzen werden saniert. Das würde ich bei dem Begriff herauslesen. Das klingt doch erst mal gut. Eine Sanierung sorgt ja immer dafür, dass etwas Beschädigtes wieder heil gemacht wird. So kann also eine Finanzsanierung helfen, aus einer schwierigen finanziellen Lage wieder herauszukommen – denkt man. Und genau diesen Umstand nutzen solche Anbieter auch. Wenn Sie die Angebote im Netz interpretieren, klingt das sehr nach einer Umschuldung. Also die anbietende Firma fasst alle Kredite, alle Außenstände zusammen und Sie zahlen nur noch eine Rate an eine Bank. Das klingt fast zu schön, um wahr zu sein.

Sie ahnen es schon: Dieses Konstrukt ist eine riesige Abzock-Masche. Ganz oft werden hier nämlich keine Umschuldungskredite angeboten, sondern nichts weiter als eine Beratung, wie Sie mit Ihren Verpflichtungen umgehen sollen. Oft sollen Sie Ihre monatlichen Ratenzahlungen in einer Summe an diesen Dienstleister überweisen, der damit dann Ihren Ratenverpflichtungen nachkommt – der also nichts weiter macht, als das Geld, das Sie so oder so schon Ihren Gläubigern überweisen, weiterzuleiten. Und natürlich macht der das nicht kostenfrei, sondern kassiert für diese sinnlose Dienstleistung eine fette Gebühr.

Das, was die Finanzsanierungsgesellschaft da als Service anbietet, können Sie auch selbst leisten!

Wann immer Sie also »Finanzsanierung« lesen, machen Sie einen großen Bogen um diese Angebote. In den meisten Fällen haben Sie danach weniger Geld auf dem Konto als vorher!

VERSICHERUNGEN

Wir haben ja bereits über Versicherungen im Rahmen von Bankgeschäften gesprochen. Das Negativbeispiel Restschuldversicherung haben Sie sich bestimmt gemerkt. Aber natürlich haben sich die Gesellschaften noch viele Hunderte Versicherungen mehr ausgedacht, die uns in allen möglichen Lebenslagen absichern sollen. Es gibt Versicherungen, die Sie unbedingt haben sollten und die auch ich für notwendig erachte, weil das Risiko eines Schadens zu groß ist. Dazu kommt aber leider auch ein riesiger Berg völlig nutzloser Versicherungen, die nichts wert, vielmehr reine Geldschneiderei sind und unter die Sie keinesfalls Ihre Unterschrift setzen sollten!

DIE KAPITAL-LEBENSVERSICHERUNG

Die kapitalbildende Lebensversicherung (KLV) war über Jahrzehnte DIE Altersvorsorge für uns Deutsche. Und statistisch betrachtet hat jeder von uns eine abgeschlossen. Ich weiß gar nicht, wie oft ich auf diese Versicherung in meinem Leben angesprochen wurde. In der Bank oder sogar an der Wohnungstür. Ich hatte auch mal einige Jahre eine kapitalbildende Lebensversicherung. Abgeschlossen bei einem Finanzvermittler eines Strukturvertriebs. So eine Lebensversicherung war lange Zeit total angesagt. Sie warb mit zwei Argumenten: Auf der einen Seite gab es eine Absicherung der Hinterbliebenen im Todesfall. Und auf der anderen Seite konnte man als Kunde bis zur Rente ein kleines oder auch größeres Sümmchen ansparen, das einem dann auch noch den Ruhestand versüßen sollte. Gespeist wurde dieses Vermögen aus den Garantiezinsen und noch einer schönen Gewinnbeteiligung. Ein Teil der Gewinne, den die Versicherungsgesellschaft mit den Sparbeiträgen erwirtschaftete, sollte jedes Jahr als Überschussbeteiligung dem Versicherungskonto gutgeschrieben werden. Diese Überschüsse wurden natürlich beim Abschlussgespräch sehr großzügig ausgelegt. Und so standen auf den Beratungspapieren teilweise Summen, die einen schwindlig werden ließen.

Dieses Modell hat auch über viele Jahre gut funktioniert – in der Hochzinsphase auf jeden Fall. Nur leider befinden wir uns seit Anfang der

2010er Jahre in einer ganz anderen Phase. Die seitdem niedrigen Zinsen hatten massive Auswirkungen auf das Geschäft mit den Kapital-Lebensversicherungen. Die versprochenen Überschüsse erwirtschaften seither die wenigsten Versicherungsgesellschaften für ihre Kunden in der zuvor kalkulierten Höhe. Am Ende kommt oft deutlich weniger raus als erwartet. Das ist leider für viele betroffene Kunden ein Drama, da die Auszahlung ja für die Rente gedacht war. Die Kapital-Lebensversicherung sollte einmal im Rentenalter die Versorgungslücke decken. Leider wird sie auch heute noch gut verkauft. Die Gesellschaften haben aber dazugelernt und geben dem Produkt gern einen anderen Namen, denn für sie waren und sind diese Versicherungen immer noch ein einträgliches Geschäft.

Ganz wichtig: Ich will Ihnen hier nicht raten, eine bereits lang laufende Lebensversicherung zu kündigen. Ganz im Gegenteil: Da haben Sie wahrscheinlich einen kleinen Schatz. Denn ein Gutes hatte die kapitalbildende Lebensversicherung immer: den Garantiezins. Der war und ist gesetzlich vorgeschrieben. Eine Mindestverzinsung des Sparanteils, also eine garantierte Auszahlung am Ende der Laufzeit. Und ganz klar: Vor der Niedrigzinsphase lag auch der Garantiezins auf hohem Niveau. Wer zwischen 1995 und 2000 seine Lebensversicherung abschloss, konnte sich über einen Garantiezins von 4 Prozent freuen! Und der bleibt auch bis zum Ende der Laufzeit. Es gibt also auch heute noch laufende Versicherungen, die mit diesem Garantiezins ausgestattet sind. Folglich ist die Lebensversicherung in diesen Fällen immer noch ein Schatz. Bitte lösen Sie diesen alten Vertrag also niemals auf! Mittlerweile (Stand 2022) liegt der Garantiezins bei gerade einmal 0,25 Prozent. Das ist für niemanden ein lohnendes Geschäft – außer eventuell noch für die Versicherungsgesellschaft, die natürlich für den Abschluss einer Lebensversicherung fette Gebühren kassiert!

Jetzt sagen Sie vielleicht: »Aber die Versicherung hat ja diesen tollen hohen Betrag kommuniziert. Diese ›voraussichtliche Auszahlung inklusive Überschussbeteiligung‹«. Ja, das sieht immer sehr nett aus in der Beispielrechnung. Aber wissen Sie auch, was dahintersteckt? Die Überschussbeteiligung ist eben keine garantierte Zahlung. Hier handelt es sich einfach um einen geschätzten Betrag, den die Versicherungsgesellschaft EVENTUELL mit Ihren Einlagen erwirtschaften kann. Auf diese Überschussbeteiligung haben sich sicher sehr viele Menschen verlassen, die in den 80er, 90er Jahren ihre Lebensversicherung abgeschlossen hatten. Sie können sich ungefähr vorstellen, wie hoch die Gewinne der Gesellschaften waren in der Niedrigzinsphase, die wir mindestens zehn Jahre hatten. Da kam nicht viel bei rum und so mager sehen leider auch die Abrechnungen für Hunderttausende Lebensversicherungen aus. Aber einen sicheren Gewinner gab und gibt es immer: Ihre Versicherungsgesellschaft.

Fazit: Sparen Sie sich das Geld und schließen Sie auf keinen Fall mehr so eine kapitalbildende Lebensversicherung ab. Bedenken Sie, dass allein 10 bis 20 Euro von Ihrem eingezahlten 100-Euro-Beitrag für die »Betriebskosten« der Versicherung weggehen. Sie können sich schnell ausrechnen, wie viel dann von Ihrem Geld wirklich noch angelegt werden kann. Das einzig Gute ist, dass die KLV von Jahr zu Jahr an Attraktivität verloren hat und sicher auch nicht mehr in dem Maße verkauft wird wie in den vergangenen Jahrzehnten. Wenn Sie Ihre Liebsten für den Todesfall absichern wollen, dann setzen Sie auf eine Risiko-Lebensversicherung. Hier zahlen Sie nur den Beitrag für die Absicherung und legen keinen Sparbeitrag zu schlechten Konditionen an. Es gibt viele sehr seriöse Direktversicherer, bei denen Sie online gute Angebote finden.

DIE PRIVATE RENTENVERSICHERUNG

Ich glaube, die Lebensversicherung war oft nicht im Fokus als Vorsorgeprodukt, weil hier immer das Thema »Auszahlung bei Tod« im Mittelpunkt stand. Irgendwann haben sich die Versicherungsgesellschaften daher etwas Neues ausgedacht: die private Rentenversicherung. Damit wurde ein Produkt geschaffen, das eigentlich wie die kapitalbildende Lebensversicherung funktioniert – hier aber ohne Absicherung für den Todesfall.

Das klingt eigentlich ganz gut. Denn immerhin steht hier ja wohl die Vorsorge für mein Alter absolut im Fokus. Die Versorgungslücke – also der Betrag, der mir im Rentenalter rechnerisch zwischen letztem Nettoeinkommen und der monatlichen Rentenzahlung fehlt – wird durch diese private Rentenversicherung aufgefangen. Die Ausgestaltung der privaten Rentenversicherungsverträge ist unterschiedlich. Das, was Sie als Beitrag einzahlen, wird – nach Abzug der Kosten der Versicherungsgesellschaft – angelegt. Und je nach Risikogruppe kann das ganz unterschiedlich sein. Am beliebtesten waren in den letzten Jahren sicher die fondsgebundenen Rentenversicherungen. Hier werden die Sparbeiträge in Investmentfonds – seien es Immobilien, Anleihen oder Aktien – angelegt. Auf jeden Fall mit einer größeren Chance, eine höhere Rendite zu kassieren als mit einer klassischen Sparanlage.

Letztens war ein Freund bei mir, der sich bei seiner Sparkasse beraten hat lassen. Er selbst ist Ende 20 und wollte etwas für die Rente tun. Das, was ihm die Mitarbeiterin da angeboten hatte, brachte er mir mal mit. Und siehe da: Auch heute noch wird mit viel Herzblut diese private Rentenversicherung an junge Menschen verkauft. Ich habe ihm sehr schnell abgeraten, dieses Produkt abzuschließen und sich hier für fast 40 Jahre an eine Versicherung zu binden, die in dieser Zeit Abertausende an Euros für Verwaltung etc. einbehält.

Es gibt renditestarke Alternativen. Gerade wer noch viel Zeit hat, für die Rente vorzusorgen, könnte beispielsweise auf einen sehr kostengünstigen ETF-Sparplan setzen. Ein ETF (engl.: »Exchange Traded Fund«) ist ein börsengehandelter Indexfonds, der die Wertentwicklung eines Index, z. B. des DAX, abbildet. Es gibt Anbieter, bei denen man bereits mit einem Sparbetrag von 1 Euro im Monat die Chance hat, mit guter Rendite in einen ganzen Markt investieren.

UNSINNIGE VERSICHERUNGEN IM ALLGEMEINEN

Nun haben wir schon über einige Versicherungen gesprochen. Es gibt natürlich eine Vielzahl von Produkten auf dem Markt. Jede Versicherung für sich klingt irgendwie auch sinnvoll. Die Werbung dafür macht uns klar, dass wir all diese Absicherungen wahrscheinlich auch brauchen. Aber bei der Bewertung von Versicherungen ist es auch immer sehr hilfreich zu checken, wie hoch denn das persönliche Risiko für den einen oder anderen Versicherungsfall tatsächlich ist. Sie werden vielleicht keine Versicherung abschließen, die den Schaden bezahlt, falls Sie von einem Meteoriten getroffen werden. Aber immer wieder gibt es

Produkte, die es trotzdem in den Versicherungsordner zuhause schaffen, obwohl sie fast ähnlich absurd sind wie das Beispiel eben. Einige möchte ich hier erwähnen mit dem klaren Signal an Sie: Finger weg! Da gewinnen Sie nichts. Hier werden Sie einfach nur schön über den Tisch gezogen.

Reisegepäckversicherung

Sobald die Urlaubszeit ansteht, geht's los mit den Reiseversicherungen. Da gibt es ja so einige: die Auslandsreisekrankenversicherung, die Reiserücktrittsversicherung oder eben auch die Reisegepäckversicherung. Ich war vor einiger Zeit in Prag. Kaum im Hotel angekommen, bekam ich eine SMS von meinem Mobilfunkbetreiber. Sinngemäß »Willkommen in Prag! Genießen Sie Ihren Urlaub und schützen Sie Ihr Gepäck mit unserer Gepäckversicherung für nur 1,99 Euro pro Tag bei mindestens sieben Tagen Laufzeit.« Clever! Da loggt sich mein Handy im fremden Mobilfunknetz ein, klar, dass mein Provider also weiß, dass ich im Urlaub bin und anfällig für so eine Versicherung. Vor allem, wenn sie nur 1,99 Euro kostet. Ich habe natürlich nicht zugegriffen und das sollten Sie bei dieser Art von Versicherung bitte auch nie tun. Ich hatte es ja schon erwähnt: Das persönliche Risiko, Opfer einer bestimmten Situation zu werden, sollten Sie immer zuerst bewerten. Wie oft in Ihrem Leben wurde Ihnen schon im Urlaub ein ganzer Koffer geklaut? Ich hatte da vielleicht Glück, aber mir ist es in meinen über 40 Lebensjahren noch nicht ein Mal passiert. Und ich bin schon oft verreist. Nun nehmen wir den Fall an, dass es aber doch vielen Personen passiert. Dann muss ich Sie gleich noch mal enttäuschen, denn die meisten Reisegepäckversicherungen zahlen nur, wenn Sie sich quasi am Koffer festgekettet haben und Ihnen der Dieb diesen Koffer förmlich aus den Händen reißt. Stehen Sie mit dem Koffer auf der Straße und gucken nach einem Taxi und jemand nimmt den Koffer mal eben mit: Dann stehen Sie nicht nur ohne Koffer, sondern auch ohne Geld von der Versicherung da! Denn in diesem Falle gibt's keinen einzigen Cent! Die meisten Reisegepäckversicherungen haben strenge Versicherungsbedingungen, die fast jeden einfachen Diebstahl ausschließen. Sie haben dann zwar eine Versicherung, aber im Fall der Fälle gibt's trotzdem kein Geld von denen.

Dazu kommt, dass es Situationen gibt, in denen Ihr Koffer auch schon anderweitig abgesichert ist. Schauen wir uns mal den typischen Ablauf Ihres Urlaubs an: Sie fahren zum Flughafen mit Ihrem Koffer. Sicher haben Sie ihn da gut im Blick, wenn Sie mit dem Taxi, dem Bus oder der Bahn zum Flughafen fahren. Am Check-In-Schalter geben Sie ihn ab. Gute Nachricht: Ab da trägt die Airline die Verantwortung für Ihren Koffer. Bis er am Zielort quasi auf dem Gepäckband landet. Geht der Koffer auf der Reise verloren, muss die Airline den Schaden ersetzen. Das sind aktuell ca. maximal 1500 Euro je Gepäckstück. Also: Ihr Koffer ist bei der Airline. Nun kommen Sie am Zielflughafen an, nehmen Ihren Koffer entgegen und fahren ins Hotel. Hier angekommen werden Sie Ihren Koffer vielleicht auspacken. Oder Sie machen das wie ich und leben aus dem Koffer. Sollte nun ein Dieb in Ihr Hotelzimmer einbrechen und den Koffer oder den Inhalt aus dem Koffer stehlen, habe ich eine gute Nachricht für Sie: Auch hier braucht es keine Reisegepäckversicherung. Denn der Einbruchdiebstahl im Hotel ist über Ihre heimische Hausratversicherung in den meisten Fällen abgesichert. Checken Sie hier auf jeden Fall noch mal Ihre Versicherungsbedingungen. Die neueren Hausratversicherungen decken diesen Fall zu 100 Prozent mit ab. Also sparen Sie sich den Beitrag für eine Reisegepäckversicherung.

Denken Sie aber auf jeden Fall an folgende Vorsichtsmaßnahmen:

- Fertigen Sie vor der Abreise eine Inventarliste davon an, was Sie alles in den Koffer gepackt haben. Und machen Sie am besten noch Fotos als Beweis. Man weiß ja nie …
- Wertsachen wie Schmuck oder Laptops, empfindliche Gegenstände und natürlich wichtige Medikamente gehören keinesfalls in Ihr aufgegebenes Gepäck. Hier wird nämlich jegliche Haftung in den Beförderungsbedingungen der Fluggesellschaften fast immer ausgeschlossen.

Insassenunfallversicherung

Das ist eine meiner liebsten unsinnigen Versicherungen. Ich bin sicher, diese ist Ihnen auch schon oft begegnet. Zum Beispiel, wenn Sie online einen Mietwagen buchen möchten. Im Bezahlvorgang ploppt dann irgendwann als Extra-Leistung gern diese Insassenunfallversicherung auf. Oder Ihre Autoversicherung hat Ihnen diese Zusatzversicherung im Rahmen Ihrer KFZ-Versicherung schon einmal angeboten.

Schauen wir uns doch einmal ganz kurz an, was drinsteckt. Wie der Name schon verrät, leistet die Versicherung immer dann, wenn Insassen eines Fahrzeugs durch einen Unfall im Zusammenhang mit dem »Gebrauch« des Fahrzeugs verletzt werden. Also sowohl beim Fahren, als auch beim Ein- oder Aussteigen. Jedoch wird immer gern vergessen, dass in fast allen Fällen Leistungen durch andere Versicherungen abgedeckt werden. Sind Sie an einem Unfall beteiligt, der durch einen Dritten verursacht wird, leistet dessen KFZ-Haftpflichtversicherung für Personenschäden. Die Leistungen der Insassenunfallversicherung sind zudem auch meist so schlecht, dass sich ein Abschluss nicht wirklich lohnt. Lassen Sie die Finger davon!

Glasbruchversicherung

»Scherben bringen Glück.« Ein altes Sprichwort, an das ich vor ein paar Jahren nicht zuerst gedacht habe, als sich meine Glasvitrine inklusive des guten Geschirrs von der Wand löste – mit großem Krach und Tausenden Scherben. Und das passierte auch noch mitten in der Nacht. Die Dübel hatten sich gelöst und die Glasscheiben der Vitrine sowie fast das gesamte Geschirr waren Geschichte. Ich habe mich tagelang mehr als geärgert. Aber ich weiß auch noch genau, dass ich in diesen Tagen auch gedacht habe: »Wie schön wäre es gewesen, wäre ich hier abgesichert gewesen.« Hatte aber in meiner Hausratversicherung keine Glasversicherung inklusive. Jetzt, Jahre später, sehe ich das viel entspannter, denn dieser eine Schaden war der erste und einzige Glasschaden meines bisherigen Lebens. Wie gut, dass ich hier keine Prämie für eine Glasbruchversicherung verschwendet habe.

Diese Zusatzversicherung wird gern bei der Hausratversicherung mal eben »mitverkauft«. Und es klingt auf den ersten Blick ja auch ganz sinnvoll. Denn Sie haben natürlich Glas in der Wohnung. Also vermutlich Fensterscheiben, vielleicht ja auch eine Vitrine. Aber ich kann Ihnen schon einmal sagen: Ihre normale Hausratversicherung wird diese Glasschäden übernehmen, auch wenn Sie keine spezielle

Glasbruchversicherung haben. Gehen Scheiben zu Bruch, durch Feuer, Einbruch oder Sturm leistet die Hausratversicherung. Wozu also eine Glasbruchversicherung? Sie kann nur in wenigen Fällen Sinn machen. Wenn Sie zum Beispiel einen Wintergarten haben. Lassen Sie sich hier aber ausführlich beraten – am besten von einem versicherungsunabhängigen Honorarberater. Später dazu noch mehr im Abschnitt »Versicherungen gegen häusliche Notfälle« ab Seite 150.

Sterbegeldversicherung

Sterbegeldversicherung – das klingt ein wenig makaber. Aber es ist eine Versicherung, die Sie vielleicht als Werbung auch schon mal im Schaufenster eines Bestattungsunternehmens gesehen haben. Ich glaube, das ist auch der Hauptverkaufsort für diese Versicherung.

Niemand möchte seinen nahen Verwandten zumuten, für die Beerdigung aufkommen zu müssen. Vor allem in diesen Zeiten nicht, wo das Sterben richtig teuer geworden ist. Für eine halbwegs anständige Beerdigung sind schnell ein paar Tausend Euro fällig. Da kann ich erst mal jeden verstehen, der über so eine Versicherung nachdenkt. Die zahlt nach dem Ableben die komplette Beerdigung. Was für ein tolles Geschenk an die lieben Verwandten. Sie können es sich vielleicht schon vorstellen, weil wir in diesem Buch ja bereits über Lebensversicherungen gesprochen haben: Auch die Sterbegeldversicherung ist nichts anderes als eine Lebensversicherung.

Ich habe mal bei einer bekannten Versicherung auf deren Internetseite mit meinen Daten eine Beispielrechnung gemacht: Ich bin jetzt Mitte 40 und möchte, dass meine Erben 7000 Euro bekommen, um meine Beerdigung zu bezahlen. Ich habe mal 40 Jahre Laufzeit eingegeben. Sterbe ich innerhalb dieser Zeit, gibt's die 7000 Euro. Erlebe ich den Ablauf der Versicherung bekomme ich ca. 9500 Euro ausgezahlt. Der Beitrag pro Monat beträgt 28 Euro. Kurz gerechnet: 28 Euro x 12 Monate x 40 Jahre = 13 440 Euro! Da ist doch irgendein seltsames Ding mit der Versicherung? Wieso bekomme ich weniger raus, als ich eingezahlt habe? Es gibt keinen wirklichen Grund – außer den, dass das Geld bei der Versicherungsgesellschaft bleibt.

Parallel habe auch mal eine klassische Risikolebensversicherung gerechnet. Die kann nach meinem Tod ja auch dazu beitragen, die Bestattungskosten zu bezahlen. Eine Risikolebensversicherung gibt es leider nicht für 7000 Euro Versicherungssumme. Ich musste für die Berechnung mindestens 25 000 Euro nehmen. Der Beitrag hier: etwas über 10 Euro im Jahr. Am Ende der Laufzeit einer Risikolebensversicherung, rechnen wir mal mit der vorher für die Sterbeversicherung angenommene Laufzeit von 40 Jahren, wird zwar nichts ausgezahlt, aber Sie haben auch nur rund einen halben Tausender investiert.

Damit zeigt sich doch recht schnell, wohin das eingezahlte Geld bei der Sterbegeldversicherung verschwindet. Es landet am Ende auf dem Konto der Versicherungsgesellschaft und da bleibt es auch. Der Kunde sieht davon gar nichts bis wenig.

Ausbildungsversicherung

Ausbildungsversicherung – ein schöner Name für eine absolut unsinnige und überteuerte Versicherung. Ich finde es dreist, wie Versicherungsunternehmen immer wieder neue Titel für alte, sinnlose Produkte erfinden, die nichts können, außer uns das Geld aus der Tasche zu ziehen. Und die Verkäufer lächeln uns beim Verkaufen auch noch dabei an. Ausbildungsversicherung klingt ja zuerst sehr sinnvoll. Wer möchte als Eltern- oder Großeltern nicht, dass der Nachwuchs im entsprechenden Alter alle Möglichkeiten der Ausbildung hat. Das, was da irgendwann ausgezahlt wird, soll ja beim Start ins selbstständige Leben helfen. Wenn ich heute im Internet dieses Produkt suche und Beispiele durchrechne, wird mir immer sehr schnell sehr schlecht. »Das ideale Geschenk«, habe ich als Slogan bei einer Versicherungsgesellschaft gefunden. Für wen? Für den Nachwuchs sicher nicht. Eher für die Versicherung.

Ich habe mal ein Angebot einer großen Gesellschaft berechnet. Sie bieten einen 18 Jahre laufenden Vertrag an und zahlen voraussichtlich etwas mehr als 12 000 Euro aus. Bei einem Sparbeitrag von 50 Euro monatlich. Die Zinsen sind natürlich nicht garantiert (warum sollten sie auch?). Rechnen Sie das selbst einmal durch. 50 Euro x 12 Monate x 18 Jahre. So kommen Sie auf Einzahlungen von 10 800 Euro.

Wie großzügig, dass die Versicherung am Ende noch um die 1500 Euro als Ertrag dazupackt.

Was auffällt: Es ist sehr schwer herauszufinden, was genau die Ausbildungsversicherung eigentlich für ein Produkt ist. Erst wenn man mal näher hinschaut, findet sich ein Hinweis: Es ist eine Lebensversicherung! Sie erinnern sich: Wir hatten schon über diese unsinnige Versicherung einer längst vergangenen Zeit gesprochen (siehe der Abschnitt »Die Kapital-Lebensversicherung« ab S. 139). Die Ausbildungsversicherung ist nichts anderes. Auch hier fallen Kosten an, die von den monatlichen Einzahlungen zu tragen sind.

Ich habe mal das obige Beispiel alternativ mit einem ETF-Sparplan gerechnet. Also mit einem indexbasierten Aktien-Sparplan. Als Basis habe ich die Durchschnittsrendite der letzten 20 Jahre genommen. Wenn wir darin die 50 Euro monatlich über 18 Jahre hinweg hineininvestieren, kommen ca. 18 500 Euro raus! Das ist dann doch vielleicht ein kleiner Unterschied zum »tollen« Angebot der Versicherung.

Daraus ergibt sich ganz klar folgender Rat: Finger weg von der Ausbildungsversicherung oder ähnlichen Produkten. Wann immer sich bei dieser Art von Geldanlage eine Versicherung hinter klangreichen Namen verbirgt, denken Sie immer daran, dass die Versicherung Geld kostet: Die Provision für den Vermittler ist in Ihren monatlichen Sparbeiträgen mitenthalten. Das können Sie sich sparen!

Garantieverlängerung

Wenn Sie heute im Laden etwas kaufen, ist der Verkäufer natürlich nicht weit. Dessen Aufgaben haben sich in den letzten Jahren stark verändert. Er soll beraten, aber auch verkaufen. Und nicht nur die Produkte, die in diesem Geschäft im Fokus stehen. Im Idealfall soll er auch gleich noch Zusatzgeschäfte machen, in dem er – das kommt gerade bei technischen oder elektronischen Geräten häufig vor – noch die eine oder andere Versicherung mitverkauft. Nichts anderes ist die Garantieverlängerung. Auch hier empfehle ich, die Hände davon wegzulassen. Warum, können Sie im ersten Kapitel auf Seite 71 noch einmal nachlesen.

Handyversicherung

Wenn wir schon mal im Geschäft stehen, um uns das neueste Smartphone zu kaufen, dann wird auch gern mal ein Vertrag mit dem Titel »Handyversicherung« mit auf den Tisch gelegt. Und das ist vielleicht auch ein nachvollziehbares Angebot. Die neuesten Modelle sind echt teuer geworden. 1000 Euro für ein neues Smartphone sind fast schon Normalität. Und ganz klar: Wenn das gute Stück kaputtgeht, ist der Ärger groß. Handyversicherungen versprechen, genau hier anzupacken. Immer dann, wenn das teure Gerät Schaden nimmt, zahlt die Versicherung. Besser geht es nicht! Oder gibt's da vielleicht doch einen Haken? Sie ahnen es schon: Ja, den gibt es! Denn die meisten Handyversicherungen nützen wie üblich nur einem: dem Versicherungsunternehmen. Und dem Verkäufer im Geschäft, der sich eine kleine Provision mit der Vermittlung verdient hat. Wenn wir uns die Handyversicherungen mal genauer anschauen, so werben die meisten mit der Absicherung vor folgenden Schäden:

1. Der Akku geht in Flammen auf.
2. Das Handy geht bei einem Sturz kaputt.
3. Das Handy funktioniert nach einem Feuchtigkeitsschaden nicht mehr.
4. Es gibt beim Aufladen einen Überspannungsschaden.

In der Regel NICHT versichert ist Diebstahl. Vor allen Dingen der einfache Diebstahl. Also wenn zum Beispiel Ihr Smartphone im Café oder Restaurant auf dem Tisch liegt und ein Dieb im Vorbeigehen das Ding einpackt. Dann zahlt keine Versicherung für den Verlust.

Welche Probleme gibt es nun mit der Handyversicherung? Das größte Problem ist sicher die Versicherungssumme, die ausbezahlt wird. Die meisten Anbieter zahlen den Neuwert des Smartphones nur in den ersten Monaten. Oft ist das begrenzt auf die ersten sechs Monate nach Kauf. Ist das Telefon älter, wird nur der Zeitwert ausgezahlt. Und bei der schnellen technischen Entwicklung – immerhin kommen neue Geräte fast im Halbjahrestakt auf den Markt – verlieren die alten Smartphones schnell an Wert. Dazu kommt, dass die überwiegende Zahl der Versicherungen eine Selbstbeteiligung verlangen. Und da die meisten Versicherungen für mindestens 12 oder sogar 24 Monate abgeschlossen werden müssen, kann eine Handyversicherung mit ziemlich hoher Wahrscheinlichkeit ein Draufzahl-Deal werden. Wenn Sie 15 oder 20 Euro im Monat als Versicherungsprämie zahlen, können Sie sich schnell ausrechnen, wie viel Geld Sie da am Ende unterm Strich verbrannt haben. Es gibt günstigere Optionen, Ihr Handy vor Schaden zu bewahren.

Achtsamkeit ist eines der besten Mittel. Und das kostet nichts. Nehmen wir das Thema Wasserschäden. Ganz oft fallen Smartphones in die Toilette. Das lässt sich verhindern. Und damit Ihr Handy keinen Schaden nimmt, wenn es herunterfällt, hilft eine Panzerfolie fürs Display und eine gute Handyhülle. Das ist ein kleines Investment – spart Ihnen aber am Ende die Versicherungsbeiträge für die unnütze Handyversicherung!

Versicherung gegen häusliche Notfälle

Das ist auch eine meiner liebsten unnötigen Versicherungen: der Pannendienst für daheim. Eine Versicherung gegen häusliche Notfälle leistet laut den Versicherungsgesellschaften immer dann, wenn Sie zuhause einen Notfall haben. »Notfall« definiert zwar jede Versicherung anders, aber bei den meisten zählen dazu:

1. Wohnungsschlüssel geht verloren.
2. Waschmaschine geht kaputt, ein Handwerker wird gebraucht.
3. Kammerjäger-Einsatz wegen eines Schädlingsbefalls.
4. Rohr ist verstopft.

Erst mal Glückwunsch an die Kreativabteilungen der Versicherungsunternehmen. Ich finde es bewundernswert, was die sich regelmäßig an neuen Produkten so einfallen lassen. Und diese Versicherung ist sicher eine der besten Ideen seit Langem – für das Versicherungsunternehmen. Vermutlich fließen da die Beiträge in Strömen und die Ausgabenseite bleibt überschaubar.

Jetzt mal im Ernst: Wie oft fällt denn bei Ihnen die Waschmaschine aus? Wie oft haben Sie Ihren Schlüssel schon verloren? Ich will nicht abstreiten, dass diese Dinge passieren. Die Frage bleibt aber: Wie groß ist der Schaden und wie groß ist das Risiko, dass dieser Schaden existenzbedrohend wird? Ich finde, Versicherungen machen in der Regel genau dann nur Sinn, wenn der mögliche Schaden existenzbedrohend ist. Ein verlorener Schlüssel ist das meiner Meinung nach nicht. Alle Schadensfälle sind ärgerlich und ich wünsche die auch keinem. Aber der finanzielle Schaden ist in den allermeisten Fällen durchaus überschaubar und sollte aus den Rücklagen bezahlt werden können.

Am Ende des Tages geht es vor dem Abschluss von Versicherungen immer um die Frage: Wie hoch ist das versicherte Risiko für mich? Was kann ein Schadensfall für meine Existenz bedeuten?

Es gibt Versicherungen, die sind absolut notwendig. Die sollten Sie haben, unbedingt und ohne langes Nachdenken:

1. Krankenversicherung
2. private Haftpflichtversicherung
3. Berufsunfähigkeitsversicherung
4. Hausratversicherung
5. für den Urlaub: Auslandsreisekrankenversicherung

Alles andere ist optional und muss auf die persönliche Situation angepasst werden.

Es gibt also genügend Versicherungen, die absolut Sinn machen. Aber es gibt leider auch genügend Versicherungen, die keinen Sinn machen. Die Vielfalt an Unternehmen und deren Produkten macht es für uns alle nicht leicht, den Überblick zu behalten. Ich hatte es bereits einige Seiten zuvor bei der Glasbruchversicherung erwähnt: In solchen Fällen kann Ihnen ein unabhängiger Honorarberater helfen. Diese Finanzexperten sind weder angestellt noch frei für Banken oder Versicherungen tätig. Sie sind hier einfach nur als Experten unterwegs, um für ihre Kunden die optimalen Produkte zu finden. Da sie keine Verträge mit den Gesellschaften haben, leben sie auch nicht von Provisionserträgen, sondern werden durch Sie direkt bezahlt. Wie der Name Honorarberater schon sagt, bezahlen Sie die Arbeitsleistung des Finanzexperten.

Meist erfolgt das auf Stundenbasis. Haben Sie also Fragen oder wollen Sie sich vollumfänglich beraten lassen, so sind Sie hier auf jeden Fall an der richtigen Stelle.

SPENDEN

Das mag ich an unserer Gesellschaft: Wenn es anderen schlecht geht, stehen wir auf, helfen und packen an. Das sehen wir schon seit Jahrzehnten am hohen Spendenaufkommen in Deutschland. Ob Flutkatastrophe, Erdbeben oder Brand – wir Deutsche sind Weltmeister im Spenden. Jedes Jahr gehen knapp 6 Milliarden Euro auf den Konten der Hilfsorganisationen ein. Wenn wir uns die Statistik ansehen, so ist erkennbar, dass das Spendenaufkommen Jahr für Jahr steigt.

Wer spenden möchte, kann dies auf den unterschiedlichsten Wegen und für die vielfältigsten Zwecke tun. Hunderte Hilfsorganisationen bitten um unser Geld und versuchen, mit den Spenden wiederum Gutes zu tun. Nur leider – und das haben Sie vielleicht auch schon am eigenen Leib erlebt – landet das Geld nicht immer da, wo es eigentlich landen sollte.

Und dabei spreche ich nicht über die berechtigte Kritik an hohen Verwaltungs- und Marketingkosten der großen Hilfsorganisationen. Nein, ich spreche von den vielen schwarzen Schafen auf diesem Markt. Denn ganz klar: Wo Geld zu erwarten ist, sind die Betrüger nicht weit. Dort wo die Bereitschaft groß ist zu helfen, gibt's auch Menschen, die diese Großzügigkeit schamlos ausnutzen. Aber es ist nicht so einfach, die Guten von den Schlechten zu unterscheiden.

Wenn Sie einmal darauf achten, wie oft Ihnen Spendenaufrufe im Leben begegnen, werden Sie schnell feststellen, dass dafür recht heftig geworben wird. Ob im Fernsehen, im Radio, in der Zeitschrift oder auf den Social-Media-Kanälen – auf allen Wegen wird versucht, an unser Geld zu kommen. Und leider machen sich damit immer noch viele Betrüger die Taschen damit voll. Um Weihnachten herum ist es besonders heftig. Erfahrungsgemäß sitzt dann das Geld hier besonders locker. Wenn Sie spenden wollen, gehen Sie vielleicht auch ins Internet und nutzen eine Suchmaschine, um die passende Hilfsorganisation zu finden. Auf der ersten Seite kommen natürlich schnell die großen, bekannten Organisationen. Wenn Sie weiter scrollen, tauchen auch viele eher weniger bekannte Vereine auf. Sei es, dass Spenden gesammelt werden fürs örtliche Tierheim, für eine Kinderbetreuungsstätte oder für einen Verein, der Menschen Lesen und Schreiben beibringen will – die Welt der Hilfsorganisationen ist mehr als vielfältig. Ungefähr 20 000 Organisationen gibt es in Deutschland, die Geld sammeln. Darunter sind leider garantiert viele, die das Geld NICHT einem guten Zweck zuführen.

Aber wo begegnen uns diese Spendenorganisationen und vor allem, wie erkennen Sie die seriösen? Sie wurden bestimmt auch schon des Öfteren auf der Straße angesprochen. Häufig gibt's da einen Stand mit drastischen Bildern und jungen Leuten, die um eine Unterschrift und eine Spende bitten. Ich kann Sie schon einmal beruhigen: Auch die seriösen Hilfsorganisationen bedienen sich dieser Akquisemöglichkeit. Es ist durchaus in Ordnung, auf diesem Wege neue Spender zu finden. Aber natürlich finden Sie auf der Straße auch die halbseidenen Spendenerbitter, diejenigen, die Ihnen das Geld aus der Tasche ziehen.

Egal ob auf der Straße, ob im Internet, im Fernsehen oder Radio – wann immer Sie um eine Spende gebeten werden, kann ich Ihnen nur empfehlen, ganz kritisch draufzuschauen. Bei uns in Deutschland gibt es einen verlässlichen Weg, die seriösen von den unseriösen Spendensammlern abzugrenzen: das DZI-Siegel vom Deutschen Zentralinstitut für Soziale Fragen. Hier sind einige Hundert Hilfsorganisationen registriert. Diese bekommen immer dann das Siegel, wenn sie transparent alles offenlegen, die Karten auf den Tisch packen. Also: Wer arbeitet da? Wie viele Spenden kommen jedes Jahr rein? Wofür werden diese ausgegeben? Wie viel Geld fließt in die Verwaltung oder Werbung? Wohin genau gingen die Spenden? – Nur wer hier reichlich Zahlen und Fakten liefert, bekommt auch das Siegel.

Achten Sie auf das DZI-Siegel. Das kann am Ende darüber entscheiden, ob Ihr hart erarbeitetes Geld bei Betrügern oder bei seriösen Hilfsorganisationen landet.

Wenn wir schon über Spenden sprechen, dann lassen Sie uns doch noch über eine Abzock-Masche sprechen, die Sie wahrscheinlich auch in Ihrer Straße stehen haben: den Altkleider-Container. Hier wird gespendet, was das Zeug hält. Wie oft sehe ich bei uns in der Straße Menschen, die mit dem Auto vorfahren und zwei, drei Säcke mit alten Hosen, Jacken, Pullovern oder Schuhen in diesen Container werfen. Alles für den guten Zweck. Denn diese Kleidung geht natürlich an die Menschen, die sich selbst keine Bekleidung leisten können. Das macht auch aus Klimaschutzgründen total Sinn. Wir wollen und sollen Ressourcen schonen. Darum spenden wir also die nicht mehr benötigte Bekleidung, damit sie ein anderer tragen kann. Und das ist eine ganze Menge, was da im Jahr zusammenkommt. Die Statistik spricht von gut 62 000 LKW-Ladungen an Altkleidern, die in Deutschland pro Jahr anfallen. Und ein Großteil davon wandert in besagte Container am Straßenrand. Es gibt Schätzungen, wonach deutschlandweit um die 100 000 dieser Altkleidercontainer stehen.

Die Besitzer dieser unzähligen Container verfolgen leider nicht alle den gleichen guten Zweck. Als seriös und sicher stuft die Verbraucherzentrale zum Beispiel Altkleidercontainer von Mitgliedern der Bundesarbeitsgemeinschaft der paritätischen Wohlfahrtspflege ein wie AWO, Caritas, ZWST, DRK. Außerdem alle anderen Organisationen, die auf ihren Containern eines der folgenden drei Siegel tragen: »Fair-Wertung«, »DZI« (Deutsches Zentralinstitut für soziale Fragen) oder »bvse« (Bundesverband Sekundärrohstoffe und Entsorgung).

Wobei zur Wahrheit gehört, dass auch die seriösen Sammler nicht wirklich alle Kleider selbst aufbereiten und 1:1 in Eigenregie weitergeben. Meist werden die gespendeten Altkleider an professionelle Verwerter verkauft. Dabei erlösen die Hilfsorganisationen 20 bis 50 Cent je Kilogramm. Die Erlöse wandern dann in die entsprechenden Hilfsprojekte der Organisation. Dann gibt es die Anbieter, die die Kleider wirklich direkt an Bedürftige geben – über von ihnen organisierte Kleiderkammern. Das sind aber in der Praxis wirklich wenige, denn der Aufwand, der hierfür betrieben werden muss, ist am Ende des Tages einfach sehr groß.

Und dann gibt's die anderen. Die schwarzen Schafe, die Betrüger, die Abzocker, diejenigen, die mit den alten Klamotten nur eines im Sinn haben: viel Geld zu machen. Die nehmen die gebrauchten Hosen, Hemden, T-Shirts, Jacken und Schuhe und sortieren erst mal. Was noch gut ist, wird in einen Schiffscontainer gepackt und auf die Reise nach Afrika geschickt. Hier gibt es einen großen Secondhand-Ware-Markt. Äußerst lukrativ für die Altkleider-Sammler. Und was für nicht brauchbar befunden wird, wird zu Putzlappen verarbeitet und danach ebenfalls weiterverkauft. Ermittlungsbehörden schätzen, dass die Betrüger je Altkleidercontainer 5000 Euro Gewinn pro Jahr machen. Das ist mal ein Geschäft!

Was machen wir nun mit dem Wissen? – Nun, wichtig: Die alten Klamotten auf keinen Fall in den falschen Container werfen. Denn die Wahrheit ist: Die meisten Container, die da bei Ihnen rumstehen, sind eher der Kategorie »Abzocker« zuzuordnen. Lassen Sie sich nicht von Bildern auf dem Altkleidercontainer blenden, auf denen Ihnen traurige Kinderaugen entgegenschauen. Oft versuchen die Betrüger, mit emotionalen Fotos unsere Aufmerksamkeit zu bekommen. Aber es gibt Mittel und Wege, den Betrügern aus dem Weg zu gehen:

- Achten Sie auf das, was auf dem Container steht. Welche Organisation sammelt hier? Findet sich auf dem Container eine Adresse?
- Achten Sie auf das Siegel »FairWertung« – ein grünes Siegel mit zwei Pfeilen (einer weiß, einer grün).
- Alternativ finden auf den Altkleidercontainern auch das DZI-Siegel (orange-grün, mit 5 Sternen).
- Checken Sie auf den Webseiten des »Deutschen Zentralinstitut für soziale Fragen« (dzi.de) oder von »FairWertung« (fairwertung.de), ob der Spendensammler dort registriert ist.

Sie können gebrauchte Kleidung natürlich auch einfach auf Kleinanzeigenportalen verkaufen und den Erlös direkt an die seriöse Organisation Ihres Vertrauens spenden.

FINFLUENCER

Zum Abschluss möchte ich noch auf eine ganz neue Falle hinweisen, die in den sozialen Netzwerken auf uns wartet: die Finfluencer. Dieses Kunstwort besteht aus den Begriffen »Finance« und »Influencer«. Die Macht der Influencer mit ihren Hunderttausenden oder sogar Millionen Followern ist mittlerweile nicht mehr zu unterschätzen. Die Social-Media-Stars zeigen sich gern als »Normalos« und sind – das muss man ihnen lassen – mit der Art ihrer Kommunikation sehr dicht bei ihren Followern. Die meist junge Zielgruppe vertraut auf ihre Stars und so erfreuen sich viele Firmen an dem Marketingansatz, ihre Produkte über Social-Media-Stars zu bewerben. Das ist bei der ein oder anderen Gesichtscreme vielleicht nicht so ein großes Problem. Dazu wird es aber schnell, wenn die Influencer Werbung für dubiose Geldanlagen oder Handelsportale machen. Auch wenn es in der Welt viele Social-Media-Akteure gibt, die Finanzwissen leicht und verständlich verkaufen, so gibt es auch hier die schwarzen Schafe, die ihre Beliebtheit und vor allem ihre enorme Reichweite nutzen, um den schnellen Euro zu machen.

Seien Sie wachsam und schauen Sie sich die Tipps und Empfehlungen besonders kritisch an. Es gibt vertrauenswürdige Portale, auf die Sie hier setzen können, Sie sollten aber keinesfalls jedem Social-Media-Trend hinterherrennen.

KAPITEL 4

BETRUGS-
MASCHEN

Bisher habe ich viel über verschiedenste Alltags-Abzocken gesprochen. Über Maschen, die sich große Konzerne ausgedacht haben, um – vom Verbraucher unbemerkt – ihren Gewinn zu maximieren.

Neben solchen ärgerlichen, doch legalen Tricks gibt es aber auch noch eine dunkle Seite – die Seite des strafrechtlich relevanten Betrugs. Der Online-Boom hat dazu geführt, dass auch im Netz immer mehr abgezockt wird. Die Digitalisierung hat für Betrüger ganz neue Geschäftsmodelle entstehen lassen. Vieles von dem, was wir im digitalen Zeitalter nutzen, wird auch für den professionellen Betrug genutzt. Sei es das Onlineshopping oder das Onlinebanking. Auch Services wie Sendungsverfolgungen, Gewinnspiele oder Software-Updates werden mittlerweile für die Abzocke genutzt. Auf die wichtigsten Betrugsmaschen möchte ich an dieser Stelle eingehen. Damit Sie sie kennen, erkennen und nicht drauf reinfallen!

PHISHING

Diesen Begriff haben Sie im Zusammenhang mit Betrugsmaschen im Internet sicherlich schon gehört. Dieser Kunstbegriff, der ans englische »fishing« – also fischen – angelehnt ist, ist sicherlich einer, der Polizei und Staatsanwaltschaft, die sich mit der Verfolgung von Betrügern beschäftigen, am häufigsten genannt wird. Das »ph« statt dem »f« leitet sich von den englischen Wörtern »password harvesting«, auf Deutsch »Passwort-Ernten« ab. Bei dieser Betrugsmasche geht es also darum, hochsensible Daten buchstäblich abzufischen. Das kann auf die verschiedensten Arten durchgeführt werden. Am bekanntesten ist sicherlich das Abgreifen von Daten über gefälschte Webseiten. Es fängt in der Regel mit einer E-Mail an, die beispielsweise wie folgt lauten könnte:

»Lieber Herr Mustermann, als Kunden unserer Bank sind Sie es gewohnt, dass wir Ihre Daten schützen und sicherstellen, dass Ihr Konto jederzeit vor dem Zugriff Dritter geschützt ist. Leider nehmen die Betrugszahlen zu so dass wir gezwungen sind, unser Onlinebanking-Verfahren noch sicherer zu machen. Bitte schalten Sie unseren neuen Service bis zum 01. August frei, damit Sie noch vollen Zugriff auf Ihre Konten haben. Sie können dies ganz einfach über folgenden Link aktivieren: ›LINK‹«.

Manchmal werden Sie auch gebeten, einen Dateianhang zu öffnen. Häufig werden Sie dabei gar nicht persönlich angesprochen, sondern zum Beispiel nur mit »Sehr geehrte(r) Bankkunde«, »Lieber Telefonkunde« … Solche Mails bekommen vielleicht auch Sie häufig. Doch wie kommt es eigentlich dazu?

Leider werden immer wieder Datenbanken von Unternehmen gehackt. In den letzten Jahren sind auf diese Weise bei Hackerangriffen Hunderte Millionen Datensätze gestohlen worden. So landet am Ende Ihre E-Mail-Adresse bei zwielichtigen Betrügern. Und in der Folge erhalten Sie eine dieser oben beispielhaft zitierten E-Mails.

Sie können sich denken, was beim Klick auf den Link in der E-Mail passiert: Sie landen auf der vermeintlichen Internetseite Ihrer Hausbank. Und hier werden Sie gebeten, einige relevante Daten einzugeben, die Zugriff auf das Onlinebanking ermöglichen. Das passiert jeden Tag tausendfach. Und tausendfach freuen sich Betrüger darüber, alle wichtigen Daten eingesammelt zu haben, um Ihr Konto leerzuräumen. Die an sich schon schwierige Verfolgung der Täter im Netz wird oftmals noch dadurch erschwert, dass diese meist irgendwo im Ausland sitzen.

Der Trend zum Homeoffice kommt den Cyber-Kriminellen übrigens gerade recht. Eine aktuelle repräsentative Studie kam zu dem Ergebnis, dass Phishing-Mails hier noch deutlich höhere Schäden verursachen, als im privaten Umfeld oder beim Arbeiten in den Büroräumen des Unternehmens, wo eine gut gesicherte Netzwerkumgebung zumeist gewährleistet ist.

Die international perfekt organisierten Cyber-Banden nehmen sich nach und nach jede Tür vor, hinter der sie leicht an Daten, Identitäten und Ihr Geld kommen. PayPal, Amazon, Banken und Sparkassen sind gleichermaßen Ziel.

Seien Sie immer auf der Hut, wenn Sie eine solche E-Mail erhalten. Ganz besonders, wenn hier Druck aufgebaut wird und Sie etwas »ganz schnell« erledigen sollen. Es kann nicht schaden, beim vermeintlichen Absender dieser Nachricht kurz telefonisch nachzufassen, bevor Sie auf diese E-Mail reagieren. Viel falsch machen können Sie natürlich auch nicht, wenn Sie solche Nachrichten von vornherein ignorieren, keine Anhänge öffnen und keine Links anklicken.

Eine gute Möglichkeit, sich zu schützen, ist es, einen intensiven Blick auf die E-Mail-Adresse des Absenders zu werfen. Nur die Adresse zwischen den spitzen Klammern ist wichtig. Alles weitere kann der Absender selbst leicht fälschen. Meist wird hier schon sofort klar, dass diese unerwünschte Post von jedem kommen kann – nur nicht von Ihrem Geldinstitut. Oft sind solche Nachrichten auch nicht in perfektem Deutsch geschrieben, selbst wenn sich hier in den letzten Jahren viel verändert hat. Die Betrüger haben sich angepasst und die Zahl der Rechtschreibfehler in den E-Mails ist deutlich zurückgegangen.

Sie können generell verhindern, solche E-Mails zu bekommen, wenn Sie sorgsam mit Ihrer E-Mail-Adresse umgeben. Wann immer Sie gefragt sind, diese irgendwo freizugeben, überlegen Sie sehr genau, ob das Sinn macht und wem Sie Ihre Daten damit übergeben. Für Newsletter etc. würde ich immer empfehlen, eine separate E-Mail-Adresse nur für diese Zwecke anzulegen.

SMISHING

Der kleine Bruder vom Phishing heißt Smishing. Auch hier wieder ein Kunstwort, dass das Abfischen von Daten via SMS bezeichnen soll. Ich bin sicher, Sie haben so eine SMS auch schon einmal auf Ihrem Smartphone erhalten:

»Gute Nachrichten! Ihr Paket ist auf dem Weg zu Ihnen. Zur Sendungsverfolgung hier klicken ›LINK‹«

Wie nett, der Paketdienstleister informiert mich darüber, wo mein bestelltes Paket gerade steckt. Ein mittlerweile üblicher Service, den wir alle gern nutzen. Blöd nur, wenn nicht der Paketdienstleister diese SMS verschickt hat. Sie ahnen es schon: Der Link, den Sie dann anklicken, führt Sie auf eine Seite, die wenig mit Ihrem Paket zu tun hat – auch wenn sie sehr nach einem Dienstleister wie DHL, DPD oder Hermes aussieht. Während sich die Seite aufbaut, lädt sich dann eine Schadsoftware auf Ihr Handy. Die wiederum erlaubt den Betrügern uneingeschränkten Zugriff auf alle Daten auf Ihrem Smartphone – Bilder, Videos, Kontakte, Passwörter. Was das bedeutet, können Sie sich leicht vorstellen. Manchmal verbirgt sich hinter dem Link auch direkt der Download Ihrer Daten.

Aber nicht nur mit der Sendungsverfolgung wird betrogen. Beim Smishing setzen die Betrüger auch gern auf verpasste Anrufe und scheinbaren Voice-Nachrichten. Auch hier geht es um den Download von Schadsoftware! Auch das aus dem Phishing bekannte Sicherheitsproblem bei Ihrer Hausbank wird für das Smishing genutzt. Und diese Betrugsmasche kommt immer häufiger vor, weil wir zu sorglos mit unserer Mobilfunknummer umgehen. Fragen Sie sich selbst, wie oft Sie Ihre Nummer schon auf verschiedensten Internetseiten eingeben haben. Entweder im Rahmen einer Neukundenregistrierung oder weil Sie vom Kundenservice eines Unternehmens einen Rückruf gewünscht haben.

Es gilt hier das Gleiche wie bei der E-Mail-Adresse: Geben Sie Ihre Mobilnummer nur heraus, wenn Sie höchstes Vertrauen ins Gegenüber haben.

VISHING

Und weiter geht's mit dem »Fischen«. Nach dem Abfischen via Webseite oder SMS geht es weiter mit dem nächsten Kunstwort: dem Vishing. Hier stecken die beiden Begriffe »Voice« und »Phishing« drin. Es geht also um Betrug via Voice, also am Telefon. So könnte das am Telefon klingen:

»Guten Tag Herr Mustermann. Hier ist Herr Meier von Ihrer Bank. Wir haben verdächtige Abbuchungen auf Ihrem Konto festgestellt. Es geht um zwei Zahlungen nach Bulgarien über jeweils 2000 Euro. Bevor wir die freigeben, wollten wir mit Ihnen Rücksprache halten. Sollte das ein Betrug sein, so würden wir die Überweisungen jetzt blockieren.«

2022 waren bei Visching-Betrügern auch vermeintliche Anrufe von EUROPOL, der europäischen Strafverfolgungsbehörde, sehr beliebt. Eine Computerstimme teilte hierbei den Opfern mit, dass ihre Identität gestohlen worden sei. Die Betrüger hätten mit dieser Identität Straftaten begangen, für die das Opfer am Telefon nun haften solle.

Da sitzt der Schreck zunächst tief. Ich wurde also Opfer von Betrügern, die mein Konto versuchen leerzuräumen oder meine Identität gestohlen haben. Wie gut, dass Banken diese Transaktionen überwachen und sicherheitshalber anrufen. Oder dass die Strafverfolgungsbehörden einen telefonisch informieren. – Könnte man denken!

Bleiben wir beim Problem mit der Bank. Nett, dass der Berater am Telefon auch gleich hilft, diese Zahlungen zu stoppen. Ach, er braucht dazu ja nur die Zugangsdaten zu meinem Onlinebanking und ein paar TANs. Kein Problem. Um die Überweisungen zu stoppen, macht das natürlich Sinn.

Stopp! Und zwar sofort! Geben Sie dem Mann am Telefon bloß keine Daten. Denn der Betrug findet genau jetzt statt.

Es gab und gibt keine Abbuchungen in Richtung Bulgarien. Aber spätestens nach diesem Telefonat wird Ihr Konto leer sein. Denn der vermeintliche Banker ist der Betrüger. Also gilt auch hier wie bei all diesen E-Mails, SMS und Anrufen: Seien Sie wachsam, skeptisch und misstrauisch. Wir leben in einer hektischen und stressigen Zeit und ich weiß: Manchmal möchte man die Dinge einfach schnell vom Tisch haben. Ein Link ist schnell angeklickt. Aber wie oft fallen jeden Tag genau deshalb

Menschen darauf rein. Ein paar Minuten länger nachzudenken oder der kurze Anruf beim vermeintlichen Absender der Nachricht, können helfen, Ihr Geld zu schützen! Umso wichtiger, weil es leider oft so ist, dass das danach von Ihrem Konto abgeräumte Geld unwiderruflich weg ist. Die Chancen, dass Ihre Hausbank das Geld zurückholen kann, sind erfahrungsgemäß recht gering, denn heutzutage werden Überweisungen innerhalb der EU binnen weniger Minuten erledigt und gutgeschrieben. So gibt es nach der Abwicklung kaum noch die Chance, die getätigte – aus Sicht der Bank – berechtigte Überweisung wieder zurückzubuchen.

SCAMMING

Kommen wir zur nächsten großen Masche. Zum Scamming, das vom englischen »scam« hergeleitet ist, auf Deutsch Betrug bzw. Schwindel heißt und in die Welt des Internets übersetzt am ehesten »Vorschussbetrug« genannt werden kann. Wie der Name erahnen lässt, geht es dabei um eine Betrugsmasche, bei der Sie in Vorleistung gehen sollen, also einen Vorschuss auf eine Leistung zahlen.

Für das Scamming haben sich Betrüger die verschiedensten Vorwände ausgedacht. Oft geht es um die große Liebe, um die neue Wohnung, das Mega-Schnäppchen oder den nächsten Urlaub. Die einzelnen Maschen, mit denen Sie abgezockt werden sollen, schauen wir uns jetzt genauer an.

LOVE- BZW. ROMANCE-SCAMMING

Es gibt wohl keine TV-Doku, die sich nicht schon mit diesem Internet-Phänomen beschäftigt hat. Hier werden einsame Herzen, die auf der Suche nach der großen Liebe sind, über den Tisch gezogen. Alles fängt meist mit dem Registrieren auf einer seriösen Singlebörse oder dem Anmelden auf einem sozialen Netzwerk wie Instagram oder Facebook an. Irgendwann erhält man eine kurze freundliche Nachricht von ihr oder ihm – nette Worte wie beispielsweise:

»Hallo Susanne, Du hast ja ein tolles Profil. Und was für Augen! Habe Dich hier bei Facebook gesehen und dachte: Wer nicht wagt, der nicht gewinnt. Vielleicht ist es okay für Dich, wenn wir miteinander schreiben? Melde Dich gern.«

Eine erste Kontaktaufnahme könnte so oder so ähnlich aussehen. Manchmal sind die Nachrichten auch auf Englisch, wenn es ein vermeintlicher Single aus einem anderen Land ist.

Schnell werden die Nachrichten persönlicher, privater, intimer. Es werden Fotos ausgetauscht. Es wird eine Verbindung hergestellt und nach einer gewissen Zeit ist die Rede von Liebe und von gemeinsamen Zukunftsplänen. Wenn das Herz dann entflammt ist – Liebe macht bekanntlich blind – beginnt der zweite Teil des Betrugs. Nun soll nämlich Geld kassiert werden. Da braucht der potenzielle Partner plötzlich ein bisschen Unterstützung, weil ein naher Verwandter krank ist. Oder weil er/sie Geld für das Flugticket benötigt, um seine Liebe zu treffen. Die Aussagen, warum Geld benötigt wird, sind unterschiedlich. Letztendlich geht es immer darum, die Gefühle, die auf der Seite des oder der Betrogenen geweckt wurden, auszunutzen und jeden Cent zu ergaunern, der drin ist. Da es diese Person, so wie sie sich im Chat gibt und zeigt, auf der anderen Seite oft nicht gibt. Aber bis Sie das erkennen, ist es schon zu spät. Manchmal wurden hier schon Tausende oder gar Zehntausende Euro an die Betrüger überwiesen.

Selbst wenn Sie Anzeige erstatten – was Sie bereits bei einem erkannten Scamming-Versuch und auch ohne dass Ihnen bereits finanzieller Schaden entstanden ist machen sollten –, ist die Polizei hier leider an in vielen Fällen machtlos, denn die Hintermänner dieser Betrugsmasche sind selten zu greifen. Seien Sie also wachsam! Verlassen Sie sich nicht auf übersandte, meist gestohlene Fotos. Betrüger werden jeden »Live-Video-Kontakt« vermeiden. Nicht ohne Grund, denn meist sind die gesendeten Fotos anderswo im Netz kopiert worden. Oft auch von anderen Partnerbörsen. Am einfachsten ist es natürlich, Fakes zu enttarnen, wenn Sie auf ein Videotelefonat bestehen.

WOHNUNGS-SCAMMING

Millionenfach wird jedes Jahr in Deutschland umgezogen. Manchmal vergrößert sich die Familie dank Nachwuchs. In einigen Situationen möchte jemand vielleicht näher bei seinen Eltern sein oder ein neuer Job zwingt zum Umzug. Die Suche nach einer passenden Wohnung ist unzweifelhaft gerade in den Ballungszentren in den letzten Jahren schwerer geworden.

Auch hier bietet sich Betrügern eine Vielfalt an Abzock-Möglichkeiten. Wer auf der Suche nach der Traumwohnung oder dem Traumhaus ist, ist fast genauso blind wie der/die Verliebte. Und wenn dann der Blick in die Wohnungsanzeigen das hier offenbart, kann man nur schwach werden:

»Vermiete sonnige 4-Zimmer-Wohnung im Herzen von Berlin. 110 qm, Altbau, Dielen, neue EBK, großer Süd-Balkon, dritte Etage mit Fahrstuhl. Erstbezug nach umfassender Modernisierung. Miete pro Monat 1000 Euro nettokalt. – Sofort bezugsfertig.«

Ein Traum! Eine Altbau-Wohnung im absolut angesagten Viertel und das für nicht einmal 10 Euro kalt den Quadratmeter. Die lange Suche scheint ein Ende gefunden zu haben. Schnell eine Bewerbung an den Vermieter schicken und auf einen Besichtigungstermin hoffen. Die Antwort lässt nicht lange auf sich warten und verheißt Gutes:

»Liebe xy. Vielen Dank für Ihre Anfrage. Die Wohnung ist noch frei und kann von Ihnen gern in Ruhe besichtigt werden. Da ich derzeit beruflich in London bin, ist ein Besichtigungstermin in den kommenden sechs Wochen leider nicht möglich. Sollten Sie kurzfristig die Wohnung anschauen wollen, so besteht die Möglichkeit, dass ich Ihnen den Wohnungsschlüssel via Kurier zusende und Sie die Wohnung – sofern ich Ihnen da vertrauen kann – allein anschauen. Wenn das für Sie eine Option ist, melden Sie sich gern.«

Was für ein tolles Angebot! Natürlich sagen Sie zu. Die Besichtigung ist der erste Schritt auf dem Weg zum Mietvertrag und der Vermieter klingt nett und vertrauenswürdig. Dann sollten wir doch zugreifen, oder?! Wir schreiben freundlich-angetan zurück. Und die Antwort lässt nicht lange auf sich warten:

»Dann machen wir das so. Ich benötige bitte Ihre Anschrift, dann sende ich Ihnen gern die Hausschlüssel zu. Sie haben sicherlich Verständnis dafür, dass ich aber eine Kaution als Sicherheit berechnen würde. Diese würde ich mit der ersten Miete verrechnen, sofern Sie sich für die Wohnung entscheiden. Den Schlüssel erhalten Sie nach Zahlungseingang bei mir.«

Das klingt nachvollziehbar. Wieso auch sollte der Eigentümer einer wildfremden Person einfach so den Wohnungsschlüssel schicken? Also sind die 750 oder 1000 Euro schnell überwiesen und das Warten auf den Kurier beginnt. Und die meisten auf diese Weise kontaktierten Mietinteressenten warten heute noch. Denn sie sind, wie schon Tausende andere, auf eine der ertragreichsten Betrugsmaschen reingefallen. Sie ahnen es schon: Es gibt weder diese tolle Wohnung noch den Vermieter.

Dafür gibt es bei einem Betrüger jetzt ein prall gefülltes Konto mit Ihrem Geld. Sind Sie auf diese Masche reingefallen, sollten Sie auf jeden Fall Anzeige erstatten. Informieren Sie auch die Plattform, auf der die Anzeige veröffentlicht wurde, über diesen Vorfall. In den meisten Fällen ist es aber leider so, dass Ihr Geld weg ist.

Vorbeugend hilft: Zahlen Sie niemals vor einer Besichtigung irgendeine Kaution oder Ähnliches an eine Ihnen nicht bekannte Person. Checken Sie in einem der Kartendienste, ob es die angegebene Anschrift gibt und an dieser Stelle wirklich ein Haus steht, das der Immobilienanzeige ähnelt.

SHOPPING-SCAMMING

Volle Preistransparenz – das ist meiner Meinung nach das Beste an der digitalen Entwicklung. Was immer wir im Netz suchen, was immer wir einkaufen wollen: Ein Preisvergleich ist leicht möglich, um die besten Schnäppchen zu finden. Denn natürlich gibt es durch Extra-Rabatte, Sonderposten etc. große Unterschiede bei den verschiedenen Anbietern bei vielen Produkten. So haben wir als Verbraucher*innen die Möglichkeit, immer das Beste für uns rauszuholen.

Aber Sie ahnen es schon: Auch Betrüger finden Online-Shopping toll. Beziehungsweise erfreuen sie sich an den Menschen, die auf der Suche nach den größten Schnäppchen sind. Denn wie in Sachen Liebe ist es auch beim Einkaufen so, dass beim Suchen und Finden der Schnäppchen Glückshormone ausgestoßen werden, die uns schnell etwas blind und unvorsichtig werden lassen. Beim Shopping-Scamming wird diese Unvorsichtigkeit dann schonungslos ausgenutzt. Zurück bleibt meist ein großer finanzieller Schaden.

Alles fängt mit einem supertollen Schnäppchen auf einer der unzähligen Shopping-Seiten im Internet an. Das Angebot für den neuen Fernseher ist so gut, da muss man einfach zuschlagen. Kein Problem. Artikel in den Warenkorb gelegt, ein paar persönliche Daten eingegeben, Zahlweise aussuchen und Bestellung abschicken. Okay, dass der Shop nur Vorab-Überweisung akzeptiert, ist zwar etwas nervig, aber kein sonderlich großes Problem. Das Geld ist ja einkalkuliert und die Lieferzeit für den Artikel soll ja auch nur fünf Tage betragen. Nach drei Tagen ist noch nichts passiert, keine Reaktion auf Ihre Zahlung, keine Bestätigung der Bestellung. Auch nach sieben Tagen und auch nach 10 Tagen nicht. E-Mails an den Shopbetreiber bleiben unbeantwortet. Anrufe werden nicht entgegengenommen. Und an Tag 20 ist der Shop dann plötzlich offline. Es ist das passiert, was jeden Tag vermutlich Zehntausenden weltweit passiert: Sie sind auf einen Fake-Shop hereingefallen. Es gab weder die Produkte noch einen Laden – es gab nur eine hübsch gemachte Webseite und ein Bankkonto, das sich nach und nach mit dem Geld ahnungsloser Shopper gefüllt hat.

Ihre Hausbank hat leider wenig Optionen, das überwiesene Geld zurückzuholen. Es gibt nur ein kleines Zeitfenster, in dem Ihre Bank eine Chance hat, Ihr Geld zurückzuholen. Meist handelt es sich dabei um wenige Minuten. Seien Sie daher schnell und sprechen Sie unmittelbar mit Ihrer Hausbank. Falls das nicht möglich ist, etwa weil die Bank gerade geschlossen hat, ist Ihr Geld verloren.

Damit Sie aber gar nicht erst in diese Situation kommen: Achten Sie immer darauf, ob die Seite wirklich seriös wirkt. Gibt es ein Impressum? Können Sie jemanden an der Kundenhotline erreichen? Gibt es ein Siegel – beispielsweise »Trusted Shops«, das die Seriosität bestätigt? Und bietet der Shop mehrere Bezahlwege an? Alles wichtige Kriterien, die helfen, Betrugsseiten von seriösen Seiten zu unterscheiden.

POP-UP-SCAM

Die Zeit der Pop-Ups auf Internetseiten sollte eigentlich schon lange vorbei sein. Die meisten Browser bieten entsprechende Einstellungen, diese nervige Werbung generell auszublenden. Es gibt inzwischen auch nur noch sehr wenige Firmen, die auf diese Art des »Marketing« setzen. Aber nicht jeder Internetuser hat Pop-Ups blockiert. So finden auch hier die Betrüger immer noch den einen oder anderen Ahnungslosen, der auf beispielsweise dieses Fenster hereinfällt:

»Achtung! Ihr Rechner ist mit einem Virus infiziert! Bitte laden Sie sich sofort einen Virenscanner herunter, um Ihre Daten zu sichern!«

Ach wie nett. Da kann ich direkt mit einem Klick den passenden Schutz downloaden und meinen Rechner von all den Viren und Trojanern befreien. Oder mir überhaupt erst welche installieren. Das ist nämlich das Ziel dieses Pop-Up-Fensters bzw. der dahinterstehenden Betrüger: eine Schadsoftware auf meinen Rechner zu bekommen, um dann alle persönlichen Daten, Zugänge und Passwörter zu erbeuten.

Am einfachsten ist es, Pop-Ups zu unterbinden. Das geht mit wenigen Klicks in den Browser-Einstellungen. Natürlich will ich die Gefahr von Viren nicht herunterspielen. Der wirksamste Schutz davor ist immer ein selbst installiertes Antivirenprogramm, das regelmäßig Ihren Rechner checkt. Ein Pop-Up auf einer Internetseite ist nie ein seriöser Weg, um Ihren Rechner zu prüfen.

JOB-SCAMMING

Das Internet ist voll mit Stellenangeboten auf unzähligen Jobportalen, der neue Traumjob oft nur einen Klick entfernt. Wieder eine gute Möglichkeit für Betrüger, an unser Geld zu kommen. Der Anfang ist schnell gemacht: Der Erstkontakt steht und die Kommunikation via E-Mail ist freundlich. Und welch ein Wunder: Es gibt eine Jobzusage. Endlich! Beste Nachricht des Tages! Und Sie bekommen sogar eine Ausstattung fürs Home Office. Also einen Laptop und ein Diensthandy. Das wird Ihnen per Post zugeschickt. Aber natürlich will die Firma dafür eine Kaution von, sagen wir, 500 Euro. Nur zur Sicherheit. Kein Problem. Der Job bringt ja auch Geld ein und so ein Laptop und ein Telefon sind ja mehr wert als nur die 500 Euro. Schwupps, ist das Geld überwiesen. Nur ward von dieser Firma danach nie wieder etwas gehört. Geschweige denn, dass bei Ihnen jemals der Laptop und das Diensthandy angekommen sind.

Vertrauen Sie nicht jeder Stellenanzeige. Es gibt viele Optionen, die Echtheit zu prüfen. Am einfachsten ist es natürlich, den Firmennamen in eine Suchmaschine einzugeben, um damit zu prüfen, ob es dieses Unternehmen tatsächlich gibt. Stimmen Anschrift und Telefonnummer überein? Wird auf der Seite des Unternehmens auf einer Karriereseite die ausgeschriebene Stelle angezeigt? Sobald Sie unsicher sind, rufen Sie am einfachsten bei der Firma an und fragen Sie nach, ob die Anzeige tatsächlich seriös ist bzw. ob Sie sich persönlich vorstellen können.

HOLIDAY-SCAMMING

Was waren das noch für Zeiten, als wir ins Reisebüro unseres Vertrauens gegangen sind, um unseren Sommerurlaub zu buchen. Es gab einen Katalog, zwei, drei Fotos vom Hotel und das war es schon. Dazu kam dann meist noch eine persönliche Beratung. Bewertungen, Videos und Fotos von Urlaubern oder Satellitenaufnahmen der Hotelumgebung waren damals undenkbar.

Heute sieht die schöne neue Urlaubswelt rosig aus. Es gibt nichts, was wir nicht im Netz recherchieren können. Reisen ist leicht geworden und das passende Urlaubsresort zu finden ebenfalls. Doch auch hier sind die Betrüger oft nicht weit. Gerade in Sachen Urlaub wird besonders viel abgezockt. Oft findet der Betrug seinen Weg über ein seriöses Portal, das beispielsweise Ferienhäuser vermittelt:

»Traumhafte Finca im Norden Mallorcas für bis zu acht Personen. Blick aufs Meer, großer Pool, vier Schlafzimmer. Große Außenterrasse mit

Grill-Ecke und Sonnenliegen. Genießen Sie traumhafte Tage in dieser exklusiven Anlage nur 20 Minuten vom nächsten Strand entfernt. Wochenpreis in der Hauptsaison inkl. Endreinigung 899,– €.«

Das klingt nach einem super Angebot! Wenn Sie tatsächlich zu acht verreisen, sind das gerade einmal etwas über 100 Euro pro Person für die Woche. »Zuschlagen!«, kann man da nur sagen!

Ja, schlagen Sie gern zu. Und danach schlagen Sie sich selbst. Denn die 899 Euro sind in der Sekunde, in der Sie die an den Vermieter überwiesen haben, auch schon wieder weg. Es gab weder den Vermieter noch gab es dieses schicke Ferienhaus. Wobei: Das Haus gab es, nur nicht zwingend auf Mallorca. Vielleicht waren das Fotos einer Immobilienanzeige. Wer weiß schon, woher der Betrüger die Bilder hatte.

Fakt ist: Leider kommt es öfter vor als wir wahrhaben wollen, dass mit Fake-Ferienhäusern sehr viel Geld abgezockt wird. Schlimm ist es dann besonders, wenn Sie am Ferienziel ankommen und an der angegebenen Adresse alles vorfinden, nur nicht das Haus aus der glanzvollen Anzeige. Opfer werden Sie nicht nur auf Fake-Ferienhausseiten, sondern leider auch immer wieder auf den großen, bekannten Portalen. Die Anbieter versuchen nach eigenen Angaben natürlich immer alles, um Betrug zu verhindern, aber ganz ausschließen lässt sich leider nicht, dass sich auch hier Betrüger tummeln. Bevor Sie also kopflos buchen, checken Sie die Echtheit des Angebots mit den Suchmaschinen. Gibt es an der angegebenen Adresse ein Ferienhaus? Stimmt die Adresse überhaupt? Findet sich die angegebene Ferienunterkunft vielleicht auch auf anderen Portalen und gibt es Rezensionen?

MONEY-SCAMMING

Gerade in diesen Zeiten, zwischen steigenden Preisen auf der einen und dem großen Trend zur Nachhaltigkeit auf der anderen Seite, ist es nicht verwunderlich, dass Kleinanzeigenportale boomen. Nie war es einfacher, Gebrauchtes an den Mann oder die Frau zu bringen. Nie war es leichter, im Netz das Gesuchte schnell zu finden. Die Kleinanzeigenportale sind ein beliebter Ort für dies und das und mittlerweile absolut mehr als nur ein digitaler Flohmarkt. Aber natürlich tummeln sich auch hier die Betrüger und warten nur darauf, dass Sie und ich in die Falle tappen. Und das kann Ihnen auf beiden Seiten des Kaufvertrages passieren.

Als Käufer eines Artikel kommt es leider oft vor, dass Sie zwar das Geld überwiesen haben, aber die Ware nie erhalten werden. Wir können hier ähnlich leicht hereinfallen, wie es auch bei vermeintlich seriösen Shops passieren kann. Der Betrüger hat unser Geld und hatte nie vor, den Laptop, die Spielekonsole oder die gebrauchte Designer-Handtasche loszuschicken – wenn davon überhaupt etwas wirklich existierte.

Die Maschen und Tricks werden von Jahr zu Jahr cleverer. Manchmal geben diese falschen Verkäufer vor, dass es beim Bezahlvorgang mit Ihrer Kreditkarte einen technischen Fehler gab und er nicht abgeschlossen werden konnte. Anschließend bekommen Sie dann einen Link zugeschickt, über den die Bezahlung neu durchgeführt werden soll. Und tatsächlich sieht die Internetseite genauso aus wie das Kleinanzeigenportal, auf dem Sie Ihre Ware anbieten. Sie werden aufgefordert, Ihre Kreditkartendaten nochmals einzugeben, um den Verkauf abzuschließen. Macht zwar eigentlich keinen Sinn, aber in Eile glaubt der eine oder andere tatsächlich, damit das Problem zu lösen. Doch natürlich ist das Gegenteil der Fall: Die Daten Ihrer Kreditkarte werden direkt an die Betrüger weitergeleitet – und die gehen damit dann entspannt auf Einkaufstour.

Manchmal wird hier auch die Seriosität mittels Sendungsnummern vorgegaukelt. Die funktionieren und lassen sich bei den Paketdienstleistern auch abfragen, gehören aber zu ganz anderen Paketen und haben nichts mit dem von Ihnen abgeschlossenen Geschäft zu tun. Als Käufer haben Sie die Möglichkeit, Fakeshops leicht zu enttarnen über den Fakeshop-Finder der Verbraucherzentralen. Über dieses Tool können Sie die URL des Shops eingeben, die dann vom System geprüft wird. Ein Ampelsystem zeigt Ihnen genau an, wie groß die Wahrscheinlichkeit ist, dass es sich hier um einen Fakeshop handelt (www.verbraucherzentrale.de/fakeshopfinder-71560).

Aber auch als Verkäufer stehen Sie im Fokus der Abzocker. Verschiedene Methoden sind hier schon aufgedeckt worden. Am perfidesten ist sicherlich der Dreiecksbetrug, bei dem noch eine zweite Partei betrogen wird. Der Abzocker kopiert Ihre Anzeige. Daraufhin meldet sich ein Kaufinteressent bei ihm. Der Betrüger gibt diesem wiederum IHRE Paypal-Adresse als Zahlungsweg an. Zeitgleich vereinbart der Betrüger mit Ihnen, dass Sie die Ware an ihn versenden, sobald Geld eingeht. Geld kommt auch – aber nicht von der Person, der Sie dann die Ware schicken. Betrogen wurden am Ende nicht nur Sie, sondern auch die andere Person, die die Zahlung vorgenommen hat. Leider ist es für uns Verbraucher*innen sehr schwer, diese Betrugsmasche zu durchschauen. Zum Glück bieten mittlerweile einige Portale sichere Bezahloptionen über eigene Abwicklungssysteme an. Wer als Verbraucher*in diese nutzt, genießt einen Käuferschutz und ist damit besser abgesichert, sollte er doch Opfer einer Betrugsmasche werden.

NIGERIA-SCAMMING

Das ist sicherlich die älteste Betrugsmasche im Netz. Sie stammt noch aus den Anfängen des Internets. Auch wenn an so vielen Stellen schon tausendfach darüber berichtet wurde: Diese Betrugsmasche gibt es immer noch. Und ja: Es fallen immer noch Menschen darauf rein. Alles fängt in der Regel mit einer E-Mail an:

»Hello my Friend. Im the Ambassador from Nigeria. I need your help to transfer 20 Mio. USD to France. I need your account and i will give you 10 % of the amount.«

Unvorstellbar, aber diese Masche zieht immer noch! Nur sind die Geschichten immer andere. Mal geht es um eine Erbschaft, mal um Geld, das auf einem Konto gefunden wurde. Am Ende aber braucht es immer jemanden, der sich bereit erklärt, diese Millionen Dollar entgegenzunehmen und weiterzuleiten. Dafür soll es dann eine fette Provision geben. Nur, bevor das Geld überwiesen werden kann, braucht es dringend eine kleine Anzahlung für einen Notar, der diesen ganzen Transfer natürlich begleitet. Damit alles auch seinen rechtlich sauberen Gang nimmt.

Sie können sich den Rest denken: Die Notarkosten werden überwiesen und auf die 20 Millionen Dollar warten viele Menschen heute noch. Ab und zu gelingen den Ermittlungsbehörden aber Fahndungserfolge. So konnte Interpol 2016 einen der größten Abzocker festnehmen, auf dessen Konto Betrügereien mit einem Schaden von mehr als 60 Millionen US-Dollar gingen.

SUPPORT-SCAMMING

Ich weiß nicht, mit welchem Gefühl Sie bei einer Kundenhotline anrufen. Ich bin schon beim Wählen der Nummer meist extrem genervt: Weil ich jetzt schon weiß, dass ich ewig in der Warteschleife hängen werde und das Gespräch höchstwahrscheinlich auch nicht den Verlauf nimmt, den ich mir erhoffe. Eine Kundenhotline anzurufen, macht in den seltensten Fällen Spaß. Wie viel schöner, wenn die Kundenhotline bei Ihnen anruft. Das passiert vermutlich tausendfach jeden Tag. Meist handelt es sich um den Software-Support eines großen Konzerns:

»Hallo. Hier ist Maik Müller von Microsoft. Wir haben auf Ihrem Rechner ein Problem festgestellt. Sie nutzen ja unsere Software, richtig? Auf jeden Fall haben Betrüger einen Virus auf Ihren Rechner gespielt. Und da Sie bei uns Kunde sind, würde ich Ihnen helfen, Ihren Rechner zu säubern. Dazu müssten Sie bitte auf folgende Seite gehen: www.fernzugriff-fuer-betrueger.com. Auf der Seite müssten Sie bitte einmal die Datei herunterladen und mir die angezeigte Nummer nennen. So kann ich auf Ihren Rechner zugreifen und alle Viren löschen.«

Das nenne ich mal einen Service. Da ruft dieser große Konzern von sich aus an und will mir helfen. Und das, obwohl ich nicht mal ein Abo für diesen Support habe. Das ist doch mal eine 5-Sterne-Bewertung wert. Sie ahnen es schon: Der vermeintliche Support entpuppt sich schnell als Abzocke. Denn was mit dem Fernzugriff auf Ihren Rechner erreicht werden soll, ist nicht das Entfernen von Schadsoftware sondern das AUFSPIELEN von Schadsoftware. Meist geht es hier um Programme, die dann den Betrügern ermöglichen, alle persönlichen Daten, Zugangsdaten, Passwörter, E-Mails etc. auszulesen und dann natürlich für das zu verwenden, was von Anfang an auf der Agenda stand: Ihnen das letzte Hemd auszuziehen und alle Konten leerzuräumen! Wenn Sie rätselhafte Abbuchungen auf Ihrem Konto kurz nach einem solchen überraschenden Support-Telefonat bemerken, sollte der erste Schritt sein: Installieren Sie unbedingt einen Virenscanner und lassen Sie Ihren Rechner einmal komplett checken. Ihn unmittelbar vom Internet zu trennen, kann zusätzlich absolut Sinn machen.

Damit Ihnen sowas gar nicht erst passiert, halten Sie Ihre Antivirensoftware immer auf dem aktuellsten Stand. Rufen Sie ggf. außerdem an der offiziellen Support-Nummer an, sollte sich bei Ihnen ein vermeintlicher Mitarbeiter eines Unternehmens gemeldet haben.

KRYPTO-SCAMMING

Die Geissens tun es, Günther Jauch und Dieter Bohlen auch und die Jury-Mitglieder und Investment-Profis aus der TV-Show »Höhle der Löwen« stehen in der ersten Reihe: Sie alle investieren in Krypto-Währungen. Das lassen uns auf jeden Fall bunt und reißerisch aufgemachte E-Mails glauben, die in unseren Postfächern landen. Bei mir zum Glück schon meistens als Spam aussortiert.

Mit den prominenten Testimonials soll nicht nur Ihr Vertrauen geweckt, sondern vor allem Glaubwürdigkeit erzeugt werden. Nach dem Motto »Was der Bohlen zu Gold macht, kann auch mir ein paar Euro extra einbringen.« Das Problem ist nur, dass die Promis und TV-Sender von ihren unglaublich heißen Tipps gar nichts wissen. Ihre Fotos, Namen und Logos werden missbräuchlich verwendet. Dahinter verbirgt sich ein gut strukturierter Anlagebetrug, der sich den Hype um Bitcoin & Co. zunutze macht.

Neuerdings nutzen die auf diese Art von Scamming spezialisierten Cyber-Banden zunehmend auch Partnerbörsen wie z. B. Tinder und Grindr zur Kontaktaufnahme für ihre fiesen Machenschaften: Nach einigen mehr oder weniger animierenden Messages kommt plötzlich die Sprache auf eine Kapitalanlage in Kryptowährung mit extrem hoher Rendite. Von der Möglichkeit, mit diesen digitalen Währungen Gewinne zu machen, haben Sie vielleicht auch schon gehört. So werden

Sie schnell zum bereitwilligen Opfer. Ihre neue Online-Bekanntschaft rät Ihnen, schnell einen Account auf einer Website zu eröffnen, über einen Zahlungsdienstleister Bitcoins zu kaufen und diese dann sofort auf Ihren neu eingerichteten Account zu transferieren. Nur so könnten Sie schließlich, ohne lange zu warten, das angebliche Mega-Investment in die neue Krypto-Währung tätigen. Spätestens wenn Sie eine Aus- oder Rückzahlung veranlassen wollen, bricht der Kontakt plötzlich ab. Nicht nur das vermeintlich heiße Date ist futsch, auch Ihr Geld hat sich in Luft aufgelöst.

DER ENKELTRICK IN MODERN

Den Enkeltrick kennen Sie wahrscheinlich. Es vergeht ja kein Monat, in dem nicht eine Polizeidienststelle vor neuerlichen Fällen warnt. Die Masche in Kurzform: Bei meist älteren Leuten klingelt das Telefon. Am anderen Ende ist der vermeintliche Enkel, der dringend Hilfe braucht.

Die Betrüger schaffen es sehr schnell, gerade Ältere davon zu überzeugen, dass wirklich ein Familienmitglied anruft. Die benötigte Hilfe hat natürlich mit Geld zu tun. Der »Enkel« braucht dringend aus den unterschiedlichsten Gründen ein paar Tausend Euro, die doch der Opa oder die Oma am besten gleich von der Bank holen sollten. Da er selbst verhindert ist, schickt er einen guten Freund, der das Geld abholt. So wurden in den letzten Jahren vermutlich Tausende ältere Herrschaften Opfer dieses Tricks. Aus Scham werden solche Betrügereien oftmals nicht angezeigt.

Wie jeder in unserem digitalen Zeitalter haben sich auch die Betrüger angepasst. Sie haben Ihre Machenschaften ins Netz verlegt und diese altbekannte Betrugsmasche quasi digitalisiert. Mit der neuen Masche gibt es kein persönliches Treffen mehr, keine physische Geldübergabe. Nein, mit dem Enkeltrick 2.0 wird das Geld direkt überwiesen. Und der betrogene Verbraucher merkt erst danach, dass er hier einem Betrüger aufgesessen ist. Alles beginnt mit einer Nachricht via WhatsApp:

»Hallo Mama. Nicht wundern. Ich habe ein neues Handy. das ist meine neue Nummer. Kannst die alte löschen.«

Eine Nachricht, die Sie sicher auch schon einmal von Freunden oder Bekannten bekommen haben. Mal Hand aufs Herz: Wie oft haben Sie hier geprüft, ob diese Nachricht echt ist? Oder haben Sie – so wie ich das zugegebenermaßen auch mache – die Anweisung befolgt und die vermeintlich alte Nummer einfach ersetzt? Auf diese Gutgläubigkeit setzen die Betrüger. Sie ahnen es schon: Die obige Nachricht kommt natürlich nicht vom Sohn oder der Tochter. Nein, sie kommt von der Person, die Ihnen im nächsten Schritt das Geld aus der Tasche ziehen wird. Denn nachdem das Vertrauen hergestellt wurde, folgt auch sogleich die nächste Nachricht:

»Kannst Du mir einen Gefallen tun und eine Überweisung für mich machen?! Ich komme auch wegen des neuen Handys nicht an mein Konto und die Rechnung muss dringend bezahlt werden. Ich bringe Dir das Geld dann morgen nach Hause. Kussi.«

Wer kann seinem Kind schon etwas abschlagen. Natürlich überweisen Sie diese dringende Rechnung – nur um wenig später festzustellen, dass Ihre Tochter oder Ihr Sohn weder eine neue Handynummer hat, noch den Wunsch äußerte, dass Sie eine Rechnung bezahlen. Sie sind reingefallen auf den Enkeltrick 2.0 und das Geld ist weg!

Nun haben Sie die wichtigsten digitalen Abzock-Maschen kennengelernt. Und die Wahrheit ist: Jedes Jahr kommen mehr dazu. Die gute Nachricht: Sie selbst haben es weitestgehend in der Hand, ob Sie Opfer der Betrügereien werden. Wann immer Sie beispielsweise Ihre E-Mail-Adresse einsetzen wollen für ein Gewinnspiel, für die Anmeldung bei einem Newsletter etc. nutzen Sie doch einfach eine »Wegwerf-E-Mail«. Diese E-Mails sind nur für einen begrenzten Zeitraum aktiv und können über entsprechende Portale gebucht werden.

Achten Sie auf die Angaben in der Browserzeile: Sind Sie auf Seiten unterwegs, auf denen Sie sensible Daten eingeben wollen, so sollte immer zwingend »https://« in der Browserzeile stehen. Löschen Sie häufig den Cache – also den Zwischenspeicher Ihres Rechners – und aktualisieren Sie Ihren Virenscanner regelmäßig.

BITCOIN SEXTORTION

Deutschland wurde bisher viermal Fußball-Weltmeister, aber seit Jahren schon sind wir Deutschen vor allem Weltmeister im Gucken von Sexseiten und Pornos. Hätten Sie das gedacht? Mit 12,4 Prozent Anteil am gesamten weltweiten Internet-Traffic von pornografischen Seiten liegen wir deutlich vor Spanien, Großbritannien und den USA. Unsere Begeisterung ist den Kriminellen im WWW nicht verborgen geblieben und so kann Sex-Lust schnell zum Abzock-Frust werden. Denn gerade wenn User auf Chat- und Cam-Seiten unterwegs sind, droht ihnen richtig Ärger.

Sextortion nennt sich diese widerliche Erpressungsmethode. Dieses Kunstwort setzt sich zusammen aus Sex und dem englischen Wort »extortion«, das Erpressung bedeutet. Es gibt verschiedene Arten dieser Erpressung, aber in allen Fällen wird auf das Schamgefühl der Opfer gesetzt. Fast immer wird mit der Veröffentlichung von Nacktfotos oder -videos gedroht, wenn Sie nicht tun, was verlangt wird. Denn auf diesen unseriösen Seiten wird mit einfachen Tricks die Kamera an Ihrem heimischen Rechner gehackt und Bildmaterial aufgezeichnet.

Vielleicht haben auch Sie schon eine solche Erpresser-Mail bekommen. Häufig beginnen diese mit einem Betreff wie »Ihr Passwort lautet …«. Manchmal wird eines Ihrer Passwörter, das die Gangster über eine Datenpanne erbeutet haben, genannt. Fast immer wird behauptet, dass Ihr Computer jetzt von außen fremdgesteuert werden kann und – sollten Sie nicht eine schwindelerregend hohe Summe in Bitcoin bezahlen – erotische Fotos von Ihnen an Ihre Freunde und Geschäftspartner versendet werden.

Fallen Sie nicht darauf rein. Diese Mails haben alle gemeinsam, dass sie in schlechtem Deutsch geschrieben und mit Rechtschreibfehlern überhäuft sind. Kein Geld zahlen – meist haben die Täter überhaupt nichts in der Hand. Oft haben sie die Kamera gar nicht gehackt und besitzen auch keine kompromittierenden Fotos oder Kontaktdaten.

Delikater und perfider wird es in sozialen Netzwerken und Dating-Portalen. Was zumeist wie ein harmloser Flirt beginnt, endet oft mit hohen Geldforderungen. Die Betrüger bringen ihre Opfer dazu, sich vor der Webcam auszuziehen und sexuelle Handlungen an sich selbst vorzunehmen. Im Anschluss werden die gutgläubigen Chatpartner erpresst.

Die Kontaktaufnahme findet fast immer in sozialen Netzwerken statt. Anfänglich harmlose Chats werden schnell sexualisiert. Mit der neuen Bekanntschaft geht es dann ganz freiwillig vor der Webcam zur Sache. Erregt lassen sich die Opfer gerne auf sexuelle Handlungen vor laufender Kamera ein. Sind die »aussagekräftigen« Videos und Fotos dann im Kasten, erfolgt ziemlich schnell die Drohung. Wenn Sie sich nicht zu einer Zahlung einer hohen Geldsumme an eine ausländische Kontonummer bereit erklären, dann gehen Ihre privaten Clips an Ihren E-Mail-Verteiler. Wenn Sie nicht möchten, dass Freunde, Familie oder Geschäftspartner Ihren »explicit content« zu Gesicht bekommen, heißt es – so der erste Reflex: überweisen.

Zahlen Sie nicht!! Erstatten Sie lieber sofort Anzeige. Schützen können Sie sich am besten vor Sextortion, indem Sie sich gar nicht erst vor Ihnen völlig unbekannten Zufallsbegegnungen im Netz entblößen.

WEITERE ABZOCK-MASCHEN

DIE ABO-FALLE – EIGENTLICH NUR WAS ONLINE GESUCHT, PLÖTZLICH ABO ABGESCHLOSSEN

Unser Verhalten hat sich, seitdem es das Internet gibt, extrem verändert. Wenn wir heute auf die Schnelle etwas wissen wollen, bemühen wir die gängigen Suchmaschinen und finden im Handumdrehen auf jede Frage die passende Antwort. Ich weiß nicht, wie es Ihnen geht, aber ich persönlich mag das Surfen von einer Seite zur nächsten. Ich starte mit einem Thema, springe dann von Link zu Link und lande am Ende auf einer ganz anderen Seite. Statt der Suche nach »Wo liegt der tiefste See?« bin ich dann plötzlich bei »Welcher Schauspieler aus ›Vom Winde verweht‹ lebt noch?« gelandet. Dieses Rumgesurfe kann aber schnell auch ein echt teurer Spaß werden. Denn nur ein kleiner Klick zu viel und Sie haben ein Abo abgeschlossen. Meist handelt es sich dabei um schwachsinnige Dienstleistungen, die kein Abo wert sind. Manchmal geht's dabei um Rezeptseiten oder um den Download eines kostenlosen Programms. Dass Sie am Ende dabei ein Abo abgeschlossen haben, entdecken Sie dann erst im Klein-Klein-Kleingedruckten, spätestens auf der Mobilfunkrechnung oder auf der Abrechnung Ihres DSL-Providers.

Lassen Sie sich hier nicht unter Druck setzen, sondern widersprechen Sie den Abbuchungen. Schon seit 2020 muss Ihnen Ihr Mobilfunkbetreiber übrigens sehr deutlich anzeigen, wenn Sie gerade dabei sind, auf dem Handy ein Abo abzuschließen.

BEHÖRDENSEITEN – GEWERBE, SCHUFA, FÜHRUNGSZEUGNIS, ESTA

Es ist soweit: Endlich steht der große Umzug an. Sie haben Ihre Traumwohnung gefunden, die Kisten sind gepackt, die Umzugsfirma bestellt, Strom und Telefon sind umgemeldet. Was noch fehlt? Ach ja, der Nachsendeantrag für die Post. Eine sehr wichtige und praktische Geschichte. Jeder Brief, jede Postkarte wird so an die neue Adresse weitergeleitet. Und auf Wunsch werden die Absender der Post auch gleich über die neue Anschrift informiert. Also fix online gehen und den Nachsendeantrag bestellen. Ein erster kleiner Schreck folgt schnell. Scheinbar hat die Post die Preise deutlich erhöht. 6 Monate Nachsendeantrag für 49,90 Euro?! Nun. Da ja alles teurer geworden ist, scheinen auch die Dienstleistungen im Preis gestiegen zu sein. Ein Klick und der Antrag ist abgegeben.

Leider waren Sie hier ein bisschen zu schnell. Denn die Internetseite, auf der Sie den Nachsendeauftrag beantragt haben, gehört gar nicht zur Post. Hier agiert ein privates Unternehmen, das nichts weiter tut, als die Anträge dann an die Post weiterzuleiten. Und dafür kassiert es mal eben das Doppelte des üblichen Preises.

Diese Art der Abzocke mit Behörden-Dienstleistungen oder eben auch solchen Angeboten wie Nachsendeanträgen, nimmt Jahr für Jahr zu. Eine Freundin von mir hat erst kürzlich eine Schufa-Auskunft bestellt. Sie wollte die Daten checken und zahlte für die Dienstleistung knapp 30 Euro. Obwohl die Schufa Auskunft einmal im Jahr kostenfrei ist. Auch sie ist auf einen Anbieter hereingefallen, der sich zwischen Kunde und Dienstleister gesetzt hat und dabei die Hand aufhält. Diese Art der Wegelagerei betrifft viele klassische Dienstleistungen wie Führungszeugnis, Kirchenaustritt, Nachsende-Antrag und eben die Schufa-Auskunft.

KAFFEEFAHRTEN

Alles beginnt mit einem Handzettel im Briefkasten oder einer kleinen Anzeige im Anzeigenblatt:

»Wir feiern großes Jubiläum und wollen mit Ihnen feiern. Kommen Sie mit auf einen wunderschönen Tagesausflug ins Umland. Bei Bratwurst und Bier kommen wir ins Gespräch. Und als Dank an unsere treuen Kunden gibt es für Sie zum Abschluss ein kleines Geschenk!«

Alternativ hat die durch die Werbung angesprochene Person bei einem Gewinnspiel einen tollen Preis gewonnen. Eines bleibt seit Jahrzehnten gleich: Es geht auf eine Busfahrt, an deren Ende meist ein leereres Konto steht!

Unfassbar – aber ja: Kaffeefahrten gibt es immer noch. Ich dachte auch immer, die wären längst ausgestorben. Nachdem schon so oft über die Betrugsmasche in allen Medien gesprochen wurde. Aber tatsächlich gibt es auch heute noch dubiose Firmen, die meist älteren Menschen damit das Geld aus der Tasche ziehen. Und auch heute noch werden auf diesen Kaffeefahrten Heizdecken, Kochtopfsets oder Wunderpillen verkauft. Nach Schätzungen fahren jedes Jahr immer noch um die fünf Millionen Deutsche mit. Und nicht in allen Fällen geht es um Menschen, die noch nie von dieser Betrugsmasche gehört hätten. Viele wissen, dass auf diesen Ausflügen meist unnützer Kram verkauft wird. Aber die Aussicht auf einen schönen Ausflug, meist verbunden mit einem kostenlosen Mittagessen oder einer geselligen Kaffeetafel lässt alle Bedenken vergessen. Und selbst wenn man sich für clever genug hält, den Verkaufsmaschen der Abzocker widerstehen zu können: Am Ende bekommen diese doch recht viele der Gäste überzeugt, doch etwas zu kaufen.

Die Masche ist eigentlich immer die gleiche. Sie bekommen die Einladung zu dieser Fahrt. Verbunden mit einem Gratis-Essen, einem schönen Ausflug und einer kleinen Verkaufsveranstaltung. Meist fällt der Ausflug flach und der ganze Tag findet in einer abgelegenen Restauration statt. Ganz bewusst so gewählt, denn eines wollen die Betrüger nicht: dass Sie die Verkaufsveranstaltung vorzeitig verlassen. Sie sollen im Idealfall Stunden über Stunden gefangen in einem Raum dem Geschwafel des Verkäufers ausgesetzt sein. Dieses Bearbeiten macht mürbe. Und am Ende greift man dann doch zu bei den Wärmedecken für 999 Euro – immerhin kosten sie ja angeblich normalerweise über 2000 Euro!

Aber: Es kann Sie überhaupt keiner zwingen, an der Verkaufsveranstaltung überhaupt teilzunehmen. Sie können in der Zeit genauso gut auch einfach an der frischen Luft spazieren gehen. Trotzdem haben Sie einen Anspruch auf alle angebotenen Leistungen. Von einer angekündigten Tour mit einem Schiff können Sie ebenso wenig ausgeschlossen werden wie man Ihnen Speisen und Getränke streichen darf.

Der Gesetzgeber versucht den Anbietern der Kaffeefahrten in der neuen Fassung der Gewerbeordnung (GewO) das Leben etwas schwerer zu machen. Seit Mai 2022 ist auf diesen Touren zum Beispiel der Verkauf von Finanzprodukten wie Versicherungen oder Bausparverträgen verboten. Auch Nahrungsergänzungsmittel, mit denen Ihnen zum Beispiel versprochen wird, besser abzunehmen, sind tabu. Und dem Verkauf von medizinischen Produkten, egal ob einfache Sehhilfen oder Stützstrümpfe, schiebt die Verordnung auch einen Riegel vor.

Der Gesetzestext droht bei Verstößen auch recht happige Bußgelder zwischen 1000 und 10 000 Euro an. Das soll kriminellen Veranstaltern den Garaus machen.

Und wenn Sie doch einmal drauf reingefallen sind: Sie haben das Recht, den Kaufvertrag bis zu 14 Tage nach Kauf zu widerrufen. Damit Sie auch wirklich eine Absicherung haben, lassen Sie sich beim Kauf den Personalausweis des Verkäufers zeigen. Stimmen die Angaben mit den Daten im Kaufvertrag überein? Leisten Sie auf gar keinen Fall eine Anzahlung auf Ihren Kauf. Sollten Sie den Kaufvertrag dann später widerrufen, werden Sie dieses Geld vielleicht nie wieder sehen.

Der allerbeste Weg ist aber: Fahren Sie gar nicht erst mit. Das ist der beste Schutz vor Abzocke. Ich kenne keine »Kaffeefahrt«, in der es nicht darum geht, Sie über den Tisch zu ziehen. So vollmundig die Werbung auf dem Handzettel auch klingen mag.

ABZOCKE MIT KONZERTTICKETS

Nach zwei Jahren Pandemie ging es 2022 im Sommer wieder so richtig los mit Veranstaltungen und Konzerten. Und die Veranstalter merkten schnell: Der Hunger nach diesen Massenveranstaltungen war groß. Endlich kamen all die Künstler und Stars wieder auf die Bühnen. Gerade Tickets für die großen Stars waren da natürlich schnell vergriffen.

Aber wozu gibt es denn das Internet. Hier findet man ja alles – und natürlich auch Tickets für die begehrten Veranstaltungen. Es gibt wenige, große und bekannte Ticketbörsen, auf denen Sie schnell und unkompliziert Tickets kaufen können. Diese seriösen Anbieter bieten meist den Versand der Tickets oder ein »Print-at-home«-System an.

Wenn Sie aber einmal in einer Suchmaschine nach Event-Tickets suchen, werden Ihnen ganz oft auch schon in den ersten Treffern Ticketportale angezeigt, die leider weit entfernt von jeder Seriosität unterwegs sind.

Das sind Portale im Internet, die zwar wie offizielle Verkaufsstellen von Tickets aussehen, in Wahrheit aber Vermittlungsportale sind zwischen Verkäufer und Käufer. Also eher eine Art Kleinanzeigenmarkt. Auch wenn der Eindruck, der dort auf den Seiten vermittelt wird, ein ganze anderer ist. Und genau damit spielen diese Unternehmen auch.

Sie gaukeln uns Verbraucher*innen vor, wir wären auf einer normalen Ticketbörse unterwegs.

Aber nicht nur das Portal selbst ist hier auf unseriösen Wegen unterwegs. Auch viele der bekannten und großen Ticketanbieter fallen für mich in die Kategorie Abzocker. Professionelle Händler kaufen in großem Stil Karten für Konzerte begehrter Stars, halten einen Teil davon zurück und warten, bis das Konzert ausverkauft ist. Und anschließend bieten sie diese Tickets zu horrenden Preisen über die oben beschriebenen Zweitmarkt-Portale an. Dann kostet ein »normales« Stehplatz-Ticket für eine deutsche Topkünstlerin plötzlich 300 statt 80 Euro auf den normalen Ticketbörsen. Im schlimmsten Fall gibt es das Ticket nicht einmal, denn auf diese Weise werden auch gefälschte Eintrittskarten mit hohen Gewinnmargen unter die Fans gebracht.

Ganz besonders problematisch ist bei diesen Ticketkäufen, dass kein gesetzliches Widerrufsrecht greift. Für Events und Konzerte gibt es das nämlich gar nicht – was nur die wenigsten wissen. Im Nachhinein haben Sie deshalb meist überhaupt keine Chance, Ihr überteuertes Ticket wieder zurückzugeben.

Den Stars und Managern ist dieses Geschäftsgebaren natürlich auch ein Dorn im Auge. Sie wollen nicht, dass mit ihren Konzerten Dritte ein Extra-Geschäft machen. Und ganz klar: Diese Abzocker-Preise färben auch auf das Image des Stars ab. Deshalb haben viele Konzertveranstalter angefangen, nur noch personalisierte Tickets zu verkaufen. In den allgemeinen Geschäftsbedingungen ist ein Weiterverkauf der Tickets in der Regel auch komplett untersagt.

Nur schert das die Betrüger selten. Sie verkaufen die Tickets trotzdem weiter. Mit dem entscheidenden Nachteil, dass Sie als Käufer*in nicht nur zu viel Geld bezahlt haben, sondern auch noch vor dem Problem stehen, dass Sie am Tag der Veranstaltung vielleicht gar nicht eingelassen werden, weil das Ticket auf eine dritte Person ausgestellt war.

Geld futsch, Veranstaltung futsch – und ein professioneller Ticketaufkäufer freut sich über seinen fetten Gewinn. Finger weg von diesen

Ticketbörsen, um den Abzockern auf dem Zweitmarkt erst gar keine Chance zu bieten.

WHATSAPP-KETTENBRIEFE

Als ich jung war, gab es noch die Kettenbriefe in Papierform. Und oft genug sind wir auf diesen Schwachsinn reingefallen. Heute ist alles digital und die Kettenbriefe ebenfalls, sie erfreuen sich in Messengern wie beispielsweise WhatsApp großer Beliebtheit. Auch Sie haben bestimmt schon einmal so einen Kettenbrief bekommen:

»Sage mal bitte all Deinen Kontakten Bescheid, dass sie den Kontakt Susi Müller auf jeden Fall blocken oder sperren sollen. Das ist nämlich ein Virus, der sich per WhatsApp verbreitet und alle Kontakte, alle Fotos löscht! Alle Daten auf der Festplatte sind dann weg. Schick das am besten an alle weiter!«

So oder ähnlich klingen diese Kettenbriefe heute. Entweder wird vor einem Virus gewarnt oder es werden Spenden gesammelt:

»Krasse Geschichte. Der kleine Moritz braucht dringend einen Stammzellenspender, aber bisher hat sich noch niemand gefunden. Unter diesem Link kann man sich registrieren: www.linkzurspendefuermoritz.com/abzocke. Bitte hilf mit, dass Moritz überleben kann. Schick das am besten an all Deine Freunde. Je mehr mitmachen, desto besser!«

Manchmal sind diese Spendenaufrufe auch direkt mit dem Wunsch verbunden, Geld auf einer Webseite zu spenden. Darüber hinaus gibt es regelmäßig Kettenbriefe, die geheime Verschwörungen aufdecken oder mitteilen, dass WhatsApp bald kostenpflichtig wird. Und da diese Nachrichten ja – deshalb Kettenbrief – meist von Freunden und der Familie weitergeleitet werden, bekommt das immer auch schnell den Anstrich einer seriösen Nachricht. Dabei steckt hinter 99 Prozent dieser Kettenbriefe wirklich nichts außer dem Versuch, Sie abzuzocken. Sei es weil durch den angegeben Link Schadsoftware auf Ihrem Smartphone installiert wird, sei es dass Sie auf eine Seite geleitet werden, die seriös aussieht, aber am Ende nur persönliche Daten abgreifen will.

Eine andere Masche ist noch perfider: Hier geht es darum, eine ganz bestimmte Internetseite durch die schiere Anzahl an Klicks in die Knie zu zwingen. Meist richtet sich so ein Angriff gegen Onlineshops, die dann für ihre Kunden nicht mehr erreichbar sind. Dabei versucht WhatsApp selbst, diesen Praktiken einen Riegel vorzuschieben. Laut den Nutzungsbedingungen, denen jeder bei der Einrichtung zugestimmt hat, ist das Versenden von Kettenbriefen und anderen Massennachrichten nämlich verboten.

Egal welche Art von Kettenbrief in Ihrem Handy landet – klicken Sie nichts an! Aber melden Sie es am besten gleich WhatsApp, denn der Absender kann damit schneller gesperrt werden und Sie können so mithelfen, ein paar unbedarfte Mitmenschen besser zu schützen.

WHATSAPP GEWINNSPIELE

Wenn wir schon bei WhatsApp sind, so will ich noch auf eine andere Abzock-Masche eingehen: das Gewinnspiel. So eine Nachricht haben Sie per WhatsApp vielleicht auch schon mal bekommen:

»Super Coci Kola verlost heute exklusiv bei WhatsApp einen stylischen Kühlschrank für Deine Getränke. Einfach hier klicken und mitmachen. Wer besonders schnell ist, hat noch die Chance auf 1000 Euro! www.kola-verlosungabzocke.com«

Das ist doch mal eine gute Nachricht in diesen Zeiten, oder?! Da hat man auch mal als normaler Mensch die Chance, ganz einfach per WhatsApp etwas Großartiges zu gewinnen.

Sie ahnen es schon: Auch hier geht es einzig und allein darum, Ihre Daten abzugreifen oder Zugriff auf Ihr Telefon zu bekommen. Oft verbergen sich hinter den Links krasse Abofallen. Wenn Sie erst mal Ihre Daten eingegeben haben, müssen Sie sich nicht wundern, wenn plötzlich Geld von Ihrem Konto abgebucht wird.

Besonders fies an der Masche ist, dass sich die digitalen Gangster meist großer Markennamen bedienen, um Ihr Vertrauen zu gewinnen. Bei jedem Anfangsverdacht, dass etwas nicht mit richtigen Dingen zugeht, ist es ein guter Schutz, einfach mal zu googlen: Geben Sie in die Suche den Titel und ein paar Stichworte ein, werden in der Suchmaschine schnell die Alarmglocken schrillen, wenn Sie eine Betrügerei entdeckt haben. Sollten Sie bei einem Gewinnspiel den Verdacht hegen, dass es sich um einen Fake handeln könnte, zahlt es sich also aus, einfach mal nach dem Titel des Gewinnspiels in Kombination mit dem Anbieter zu suchen. Im Fake-Fall findet man schnell entsprechende Hinweise.

Der beste Schutz vor diesen Fake-Gewinnspielen bleibt: Finger weg!

POST VOM ANWALT

So kann der Feierabend wirklich mit einem Schrecken beginnen: Sie kommen nach der Arbeit nach Hause und werden sicherlich zuerst den Briefkasten leeren. Wenn dann ein Brief einer Anwaltskanzlei dabei mit herauspurzelt, ist der Schrecken wahrscheinlich berechtigterweise groß. Und der Brief sieht sehr nach echtem Anwalt aus.

Meist geht es um Lotto, Streaming, unbezahlte Rechnungen von Online-Shops, angebliche Urheberrechtsverletzungen oder Downloads von Erotik-Portalen. Die Schreiben haben oft gemeinsam, dass der angebliche Geschädigte vom Hörensagen bekannt ist bzw. man schon eine Kundenbeziehung zu dem Unternehmen unterhält. Gerade bei großen Firmen ist die Wahrscheinlichkeit da ja durchaus hoch.

Mahnbescheid, Vollstreckung, Lohnpfändung, Haftbefehl – so etwas liest sich dann in dem Schreiben. Schreckliche Worte, die sicher gleich bei jedem Angst auslösen. Und Fragen: Habe ich vielleicht wirklich eine Rechnung nicht bezahlt? Habe ich etwas im Internet heruntergeladen und gegen sogenannte Urheber- oder Leistungsschutzrechte verstoßen?

Manchmal rutscht in der Hektik ja auch einmal die eine oder andere Rechnung durch. Und ein Schreiben einer vermeintlich renommierten Anwaltskanzlei löst da vielleicht nicht nur Angst und Panik aus, sondern auch eine schnelle Überweisung.

Das Problem ist, dass es sich hier um eine dreiste Abzock-Methode handelt. Denn die Anwaltskanzlei, von der Sie Post bekommen, gibt es oftmals nicht. Hier geht es einzig und allein darum, Ihnen das Geld direkt aus der Tasche zu ziehen. Beim angegebenen Bankkonto handelt es sich meist nicht um ein deutsches Konto. Und wenn Sie der Aufforderung der Zahlung nachkommen, ist Ihr Geld weg. Wenn Sie ein solches Schreiben erhalten, lautet das erste Regel daher: Auf gar keinen Fall den geforderten Betrag überweisen, sondern Ruhe bewahren!

Die gefälschten Anwaltsschreiben, egal ob per Post oder als E-Mail gesendet, sind leichter zu erkennen als Sie vielleicht denken: Achten Sie zuerst einmal auf den Absender. Gehen Sie ins Internet und suchen Sie nach der Kanzlei. Haben Sie Post von einer schon bekannten Abzock-Kanzlei erhalten, werden Sie bei den Suchergebnissen Warnungen finden. Gibt es die Anwälte wirklich, gleichen Sie am besten die Adressen auf Ihrem Schreiben mit der Büroadresse im Internet ab.

Am besten ist aber der Griff zum Telefon. Rufen Sie einfach an und fragen Sie, ob die Post echt ist. Gewiefte Gauner verstecken sich hinter Namen und Anschrift von seriösen Kanzleien, ohne dass diese davon wissen. Mithilfe Ihrer Nachfrage können die Anwälte auf ihrer eigenen Internetseite einen Warnhinweis platzieren und Sie haben dazu beigetragen, andere Verbraucher*innen zu schützen.

KRYPTO GANGSTER

Vor Kurzem kam ein befreundeter Reisejournalist von einem Ibiza-Besuch zurück. Er hatte auf der Party-Insel zwei Luxushotels besucht, um sie seinen Leserinnen und Lesern vorzustellen. In einer der 5-Sterne-Herbergen konnte er sich die teuerste Suite anschauen. Mit riesiger Terrasse, mehr als 200 Quadratmeter Wohnfläche und eigenem DJ-Pult. Aber das war für ihn gar nicht so berichtenswert, hatte er doch im Laufe seiner Karriere als Travel-Reporter schon so manchen Palast zu Gesicht bekommen. Was er mir stattdessen unbedingt erzählen wollte, war eine zufällige Begegnung in der Suite.

Als er und seine Kolleginnen durch die Luxuszimmer geführt wurden, gab es noch eine zweite Führung. Einem jungen Mann, gerade mal etwas über 20, wurde von zwei Hotelmanagern die Suite präsentiert. Und im Beisein meines Freundes schlug dieser ein und mietete mal eben für einen ganzen Monat. Vielleicht ist da auf den ersten Blick nichts Spektakuläres dabei, wenn man den Preis außen vor lassen würde. Die Suite ist mit 10 000 Euro pro Nacht allerdings nicht gerade ein Schnäppchen. Mal 30 Tage macht das 300 000 Euro. Immerhin ist das Frühstück inklusive und entlastet die Urlaubskasse.

Da wir Journalisten von Natur aus neugierig sein müssen, packte der Kollege die Gelegenheit beim Schopf und fragte den jungen Kerl, wie er, gerade mal dem Teenie-Alter entschlüpft, sein Geld machen würde. Der war auch gar nicht verschlossen, sondern plauderte munter drauflos. Kryptowährungen war sein Zauberwort.

Er ist damit nicht allein auf weiter Flur. Laut dem US-Finanzportal Finbold gab es Anfang 2022 insgesamt 87 953 Bitcoin-Adressen, auf denen mehr als 1 Million Dollar registriert waren. Aber es gibt noch unzählige Coin-Währungen mehr als den Klassiker Bitcoin. Das Vermögen der 10 reichsten Krypto-Milliardäre soll sich auf rund 123 Milliarden US-Dollar belaufen. Es gibt sie also wirklich, die Leute, die mit den virtuellen Coins Millionen verdienen.

Aber wo viel Licht ist, ist meist auch viel Schatten und daher ist der Kryptomarkt auch eine große Spielwiese von gewieften Betrügern. Sollten Sie also das Risiko nicht scheuen und ein wenig in Coins investieren wollen, seien Sie bitte ganz besonders auf der Hut.

Allein in meinem Bekanntenkreis wurden in den letzten Monaten zwei Kryptoinvestoren um einige Tausend Euro erleichtert. Nicht durch das Auf- und Ab der Kurse, denn in dem Markt gehört der ein oder andere Crash zur Tagesordnung. Nein sie wurden Opfer von Betrügern oder, ehrlicher ausgedrückt, ihrer eigenen Unvorsichtigkeit.

Ein beliebtes Einfalltor für Krypto-Betrügereien ist der Messengerdienst Telegram. Dort gibt es unzählige Gruppen zu unzähligen Coins. Tritt man einer offiziellen Gruppe bei, werden meist gleich viele weitere Gruppen vorgeschlagen. Sie heißen ähnlich, haben fast identische

Logos und auch Inhalt und Stil unterscheiden sich kaum von den echten Kanälen. Ein beliebter Trick sind vorgetäuschte Gewinnspiele, die in den Gruppen von gefakten Support-Mitarbeitern gepostet werden. Da wird Ihnen versprochen, schnell eine hohe Rendite zu bekommen. Und das sieht sehr glaubwürdig aus, denn diese Posts werden meist von 30 bis 40 anderen Community-Mitgliedern unterstützt, die euphorisch berichten, wie zuverlässig das alles klappt und wie viel Geld sie in kurzer Zeit verdient haben. In dem Moment, in dem Sie Ihre Coins-Anteile übertragen, sind diese dann für immer futsch.

Die besonders cleveren Betrüger wollen sich dann auch gleich Zugang zu Ihrer Wallet oder Ihrem Konto verschaffen. Das ist der Ort, an dem die digitalen Währungen aufbewahrt werden. Hat jemand anderer Zugang zu Ihrer Wallet, können die darin enthaltenen Kryptowährungen in Windeseile auf andere Konten übertragen werden. Das ist leider ein Vorgang, der aufgrund der Natur der Blockchains nicht mehr rückgängig gemacht werden kann.

Obwohl jeder Neueinsteiger überall davor gewarnt wird, seinen geheimen Key NIEMALS jemand anderen mitzuteilen, wird dieser Kardinalfehler trotzdem täglich massenhaft begangen. Wenn die Betrüger in Besitz Ihres Keys gelangen, können diese Ihr gesamtes Geld ausgeben, indem sie damit Transaktionen durchführen.

Meist locken die Verbrecher ahnungslose Opfer an, die Hilfe in den Communities suchen. Sie geben sich als hilfsbereite Mitarbeiter des Supports aus. Ihre Profile sehen den echten täuschend ähnlich. Sie wirken kompetent, haben meist schon zahlreiche Nachrichten in der Gruppe hinterlassen und ergaunern sich so Ihr Vertrauen. Haben Sie erst Ihren Private-Key und Ihre Seed-Phrase (diejenigen Wörter, die Sie zum Wiederherstellen Ihres Vermögens an Kryptowährung in der Blockchain benötigen) erbeutet, sind Ihre Krypto-Anlagen meist in Sekundenschnelle weg. Ihre Chancen, wieder an Ihr verlorenes Vermögen zu kommen, tendieren gen Null.

DANKSAGUNG

An dieser Stelle will ich mich bedanken bei all jenen, denen ich dieses Buch am Ende auch zu verdanken habe. Zuerst ein großer Dank an den Verlag Penguin Random House für die entspannte und zielführende Zusammenarbeit. Danke ans ganze Team um Maren Richter und Harry Kämmerer. Ein großer Dank geht an Philipp Christ. Das hat Spaß gemacht und ich finde, wir haben da gemeinsam ein tolles Buch kreiert.

Ein ganz besonderer Dank geht an Ulf-Gunnar Switalski. Du bist mein erster Literaturagent – es ist ja auch mein erstes Buch – und es war mir ein großes Vergnügen! Ohne dich wäre dieses Buch nicht fertig geworden. Danke für Deine großartige Unterstützung in all diesen wirklich herausfordernden Monaten!

Und zuletzt geht ein großes Danke an meinen Mann Niklas. Du hast an vielen Wochenenden auf mich verzichten müssen, weil ich an meinem Rechner saß und wie wild in die Tastatur gehämmert habe. Danke auch, dass du meine Launen zwischendurch ertragen hast. Es gab ja durchaus einige Tiefs im Prozess ☺

2. Auflage 2023

Gender Hinweis: Aus Gründen der besseren Lesbarkeit wird an manchen Stellen
auf die gleichzeitige Verwendung der Sprachformen männlich, weiblich und divers
(m/w/d) verzichtet. Sämtliche Personenbezeichnungen und personenbezogenen
Hauptwörter gelten gleichermaßen für alle Geschlechter. Die verkürzte Sprachform
beinhaltet also keine Wertung, sondern hat lediglich redaktionelle Gründe.

Projektleitung: Dr. Harald Kämmerer & Philipp Christ
Textredaktion und Korrektorat: Claudia Lenz

Bildnachweis:
Autorenfoto Cover, Vorwort und U4: © Pascal Bünning
Sonstige Bilder (Cover und Kapitelaufmacher)
Bild 631890614: © Shutterstock.com/I.Friedrich
Bild 1292928481: © Shutterstock.com/ Carabus

Umschlaggestaltung & Innenlayout: OH, JA!, München
Satz: Uhl + Massopust, Aalen
Herstellung: Timo Wenda
Druck und Bindung: Alcione, Lavis
Printed in Italy

FSC
www.fsc.org
MIX
Papier | Fördert gute Waldnutzung
FSC® C021956

Penguin Random House Verlagsgruppe FSC® N001967

ISBN 978-3-517-10183-5
www.suedwest-verlag.de